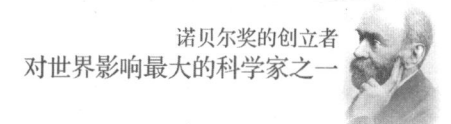

诺贝尔奖的创立者
对世界影响最大的科学家之一

Alfred Nobel
A Biography
诺贝尔传

解雪◎著

时代文艺出版社

图书在版编目（CIP）数据

诺贝尔传 / 解雪 著. —长春：时代文艺出版社，2012.4（2023.7重印）

ISBN 978-7-5387-3984-8

I. ①诺... Ⅱ.①解... Ⅲ.①诺贝尔，A.B.（1833～1896）－传记 Ⅳ.①K835.326.13

中国版本图书馆CIP数据核字（2012）第028290号

出 品 人　陈　琛
责任编辑　余嘉莹
装帧设计　孙　俪
排版制作　陈　阳

本书著作权、版式和装帧设计受国际版权公约和中华人民共和国著作权法保护
本书所有文字、图片和示意图等专用使用权为时代文艺出版社所有
未事先获得时代文艺出版社许可
本书的任何部分不得以图表、电子、影印、缩拍、录音和其他任何手段
进行复制和转载，违者必究

诺贝尔传

解雪 著

出版发行 / 时代文艺出版社
地址 / 长春市福祉大路5788号　龙腾国际大厦A座15层　邮编 / 130118
总编办 / 0431-81629751　发行部 / 0431-81629755
官方微博 / weibo.com / tlapress　天猫旗舰店 / sdwycbsgf.tmall.com
印刷 / 三河市嵩川印刷有限公司
开本 / 850×1168毫米　1 / 32　字数 / 200千字　印张 / 10
版次 / 2012年4月第1版　印次 / 2023年7月第3次印刷　定价 / 48.00元

图书如有印装错误 请寄回印厂调换

目 录
Contents

001 / 序言
Preface

001 / 第一章　发明家的儿子
Chapter 1 Inventor's Son

　　002 / 1.天才一家人
　　　　A Talented Family

　　008 / 2."火柴"童年
　　　　"Matches" Childhood

　　013 / 3.远方来信
　　　　Letters from Afar

　　019 / 4.初到俄国
　　　　First Arrived in Russia

025 / 第二章　悲喜青春
Chapter 2 Youth Sorrows and Joys

　　026 / 1."天才助手"
　　　　"Genius Assistant"

　　031 / 2.伤痛中前行
　　　　Forge Ahead in Pain

　　037 / 3.积劳成疾
　　　　Overwork

043 / 第三章　奋斗之路
Chapter 3 A Hard Way

　　044 / 1.又一次破产
　　　　Bankrupt Again

　　050 / 2.硝化甘油
　　　　Nitroglycerin

　　055 / 3.初露锋芒
　　　　Previews Talent

060 / 4.埃米尔之死
Emil's Death

067 / 第四章　事业起步
Chapter 4 Start Career

068 / 1.第一家工厂
The First Factory

072 / 2.遍地开花
Blossom Everywhere

077 / 3.危险无处不在
Danger is Everywhere

082 / 4.神奇的硅藻土
The Magic Diatomaceous Soil

089 / 第五章　世界工厂
Chapter 5 The World Factory

090 / 1.悲伤的克鲁姆尔
The Sad Crewe Muer

095 / 2.无所不能的巴布
The All-powerful Babu

100 / 3.阿岱尔工程
The Adaier Project

106 / 4.混乱的美国市场
The Confused U.S. Market

110 / 5.黑色印钞机
The Black Banknote Printing Machine

116 / 6.托拉斯帝国
The Empire Trust

121 / 第六章　旅居法国
Chapter 6 Lived in France

122 / 1.神奇的爆炸胶
The Magic Explosive Plastic

127 / 2.伟大的友谊
The Great Friendship

133 / 3.可怜的爱情
Poor Love

139 / 4.炸药革新
The Innovation of Dynamite

147 / 第七章　英雄迟暮
Chapter 7 The Hero's Fade

148 / 1.生死别离
Leave

153 / 2."法国式"麻烦
"French" Trouble

159 / 3.索尔曼其人
Sauermann

164 / 4.为国效力
Serve His Country

170 / 5.诺贝尔之死
Nobel's Death

177 / 第八章　最后的"炸弹"
Chapter 8 The Last "Bomb"

178 / 1.诺氏遗嘱
Nobel's Will

184 / 2.麻烦不断
"French" Trouble

189 / 3.迟到的和解
The Late Settlement

195 / 4.诺贝尔奖
Nobel Prize

201 / 附录
Appendix

202 / 诺贝尔生平
Alfred Bernhard Nobel's Life

204 / 诺贝尔年表
Alfred Bernhard Nobel Chronology

207 / 诺贝尔奖简介
About the Nobel Prize

210 / 历届诺贝尔文学奖获奖情况
Previous winners of the Nobel Prize for Literature

235 / 历届诺贝尔物理学奖获奖情况
Previous winners of the Nobel Prize for Physics

257 / 历届诺贝尔化学奖获奖情况
Previous winners of the Nobel Prize for Chemistry

278 / 历届诺贝尔生理学及医学奖获奖情况
Previous winners of the Nobel Prize for Physiology and Medicine

300 / 历届诺贝尔经济学奖获奖情况
Previous winners of the Nobel Prize for Economics

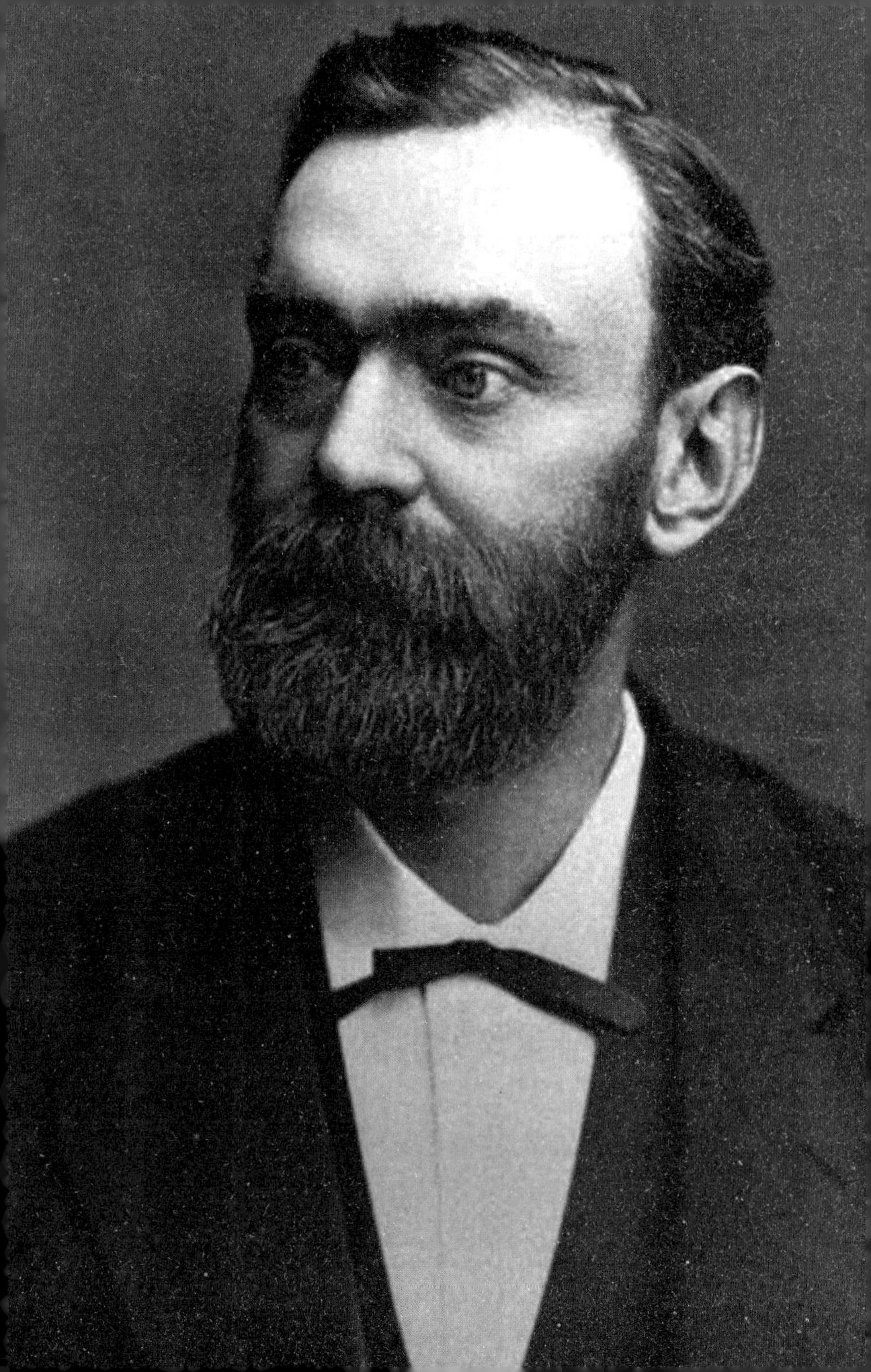

在过去的一百多年里，诺贝尔奖成为各行各业精英们追求的终极梦想。这个世界级的奖项是对他们多年来所付出的卓绝努力的肯定，更是对他们科研成果的认可。可就在所有人对诺贝尔奖津津乐道的时候，它的创始者——诺贝尔先生——却渐渐地淡出了人们的视线。

对于大多数人来说，诺贝尔的名字不过是他们每年一度都会听到的一个普通的名词。如果一定要深刻一些，那人们会说："这个家伙是一个了不起的发明家，他和一切与战争相关的物件都有着紧密的联系，正是他发明的炸药，让人类开始处于无休止的隆隆炮声中。"除此之外，人们还会说："他实在是太有钱了，他简直是那个时代的比尔·盖茨。"就这样，炸药、财富、战争，成了诺贝尔的代名词。

真实的诺贝尔并不是人们想象中的那样。事实上，他的一生从来没有执着于对财富的追求和对战争的兴趣上。

序 言

ALFRED 　　一生只为梦想"狂"

NOBEL

相反，他还是一个对战争极度反感的人。他将自己毕生的精力都投入到炸药的研发中，只是为了能够更好地将它应用到工业领域。至于战争，那只是一些愚蠢的人把他的天才发明带到了歧途之中。

与大多数出身贫寒的科学家相比，诺贝尔相对幸运，他的父亲伊曼纽尔·诺贝尔是一位非常成功的发明家，曾经在俄罗斯帝国（简称俄国）拥有大型的机械加工厂，为当时的俄国生产水雷和其他武器。在父亲的影响下，小诺贝尔对科学产生了浓厚的兴趣，幼年时就梦想着成为一名和父亲一样伟大的科学家。

诺贝尔的梦想之路可谓充满了艰辛与坎坷。在继承父业投入到炸药的发明和研究后不久，诺贝尔的弟弟埃米尔就在一次生产事故中失去了生命。擦干泪水的诺贝尔重新投入到了工作中，他相信总会有一种安全可靠的炸药会被自己生产出来。

功夫不负有心人。在经过一系列的实验后，诺贝尔发明了一种安全性极高的炸药，这种炸药被人们称之为"安全炸药"。然而，诺贝尔并没有满足于此，他不停地开发和研制新的炸药品种，他发誓要让安全性能和爆破威力融合在一起。

诺贝尔的炸药技术为他带来了巨大的财富，在19世纪七八十年代，诺贝尔已经成为当时屈指可数的工业巨富。他自己的两个托拉斯公司为他创造着巨额的利润，而诺贝尔兄弟石油公司更是让他日进斗金。但是，诺贝尔却对这些财富提不起兴趣，他更钟情于在实验室中，实现自己的人生价值。

除了对金钱的淡泊外，诺贝尔的感情世界也可谓是一片空白，虽然他的生命里曾先后出现过三个女人，但是诺贝尔最终也没有与她们任何一个步入婚姻的殿堂。没有了家庭的牵挂，诺贝尔有了更多的时间和精力投入到新产品的研发中。

与大多数科学家相比，诺贝尔在自己的事业中倾注了更多的热情；在他的助手看来，诺贝尔甚至有些狂热。也正因如此，他才能在炸药领域掀起一场又一场的革命，使得原本危险的炸药成为人们在工业领域中的好帮手。在诺贝尔一生获得的255种专利中，有129种与炸药相关，他的产品被大量地应用到工业技术中。

诺贝尔一生钟情炸药，但他却厌恶战争，他甚至认为，自己的炸药能够平衡战争双方的力量，从而有效地遏制战争的爆发。但是，他的愿望却从来没能变成现实。于是，在他去世后，他将自己天文数字般的遗产变成了诺贝尔奖，他希望那些像自己一样狂热的人们，能够通过自己来改变世界。

Chapter 1

ALFRED NOBEL

第一章　发明家的儿子

1. 天才一家人

在欧洲北部，有一条纵贯南北的斯堪的纳维亚山脉，这条山脉将斯堪的纳维亚半岛分成三部分，每一部分都组成了独立的国家，分别是瑞典、丹麦、挪威。瑞典位于斯堪的纳维亚的最南端，在这座大山的孕育下，瑞典人民过着还算富足的幸福生活。

斯科讷是瑞典一个名不见经传的小县城，这里的人民过着平淡而安逸的生活，彼得·奥勒夫森就是其中的一员。不过与大多数人相比，奥勒夫森并不满足于这样的生活，他更希望自己能够步入到上流社会之中。后来，奥勒夫森离开自己的家乡到乌普萨拉攻读法律专业，并如愿地成为了一名优秀的法官。

做法官的那段时间里，奥勒夫森将自己的名字改为皮特勒斯·奥莱·诺贝利叶斯，并与乌普萨拉大学校长鲁德伯克的女儿温德娜结婚。要说温德娜的这位"校长父亲"，那可着实不简单——他是当时瑞典科学界的奇才，不仅有着极高的艺术天赋，而且在多种学科上都有着非同寻常的造诣。

在鲁德伯克教授的课程里，有天文、数学、物理、机械、化学、植物、动物、解剖学、建筑、炮兵科学及烟火制造术，然而他所作出的贡献却不止于此。真正让他名垂青史的是他在17世纪50年代对淋巴系统的发现,这在当时的医学界引起了极大的轰动。

但是,对于一个对综合科学有着广泛涉猎的人来说,医学上的发现并不足以让他停止自己探索的步伐。在17世纪80年代以后的二十多年时间里,鲁德伯克又根据自己在考古学上的研究发表了著作《大西洋》,这部著作对后世的考古发现同样有着巨大的影响。

温德娜虽然没有继承父亲天才般的智慧,但她却将这种优秀的基因遗传给了自己的后人,诺贝尔家族在随后的上百年时间里,诞生了一个又一个天才人物。

皮特勒斯除了热衷于自己的职业外,对音乐也有着很高的热情,为此他对自己的儿子奥洛夫·珀森·诺贝利叶斯倾注了极多的心血。但是诺贝利叶斯对绘画的兴趣远远大于音乐,并且在微型画和学院派绘画方面有着很高的成就,并一度成为乌普萨拉大学最知名的画家和教授。

同样,奥洛夫的儿子伊曼纽尔·诺贝利叶斯也没有继承父亲的事业,他在绘画方面表现出来的天赋与普通人别无二致。不过,他却成为了一名优

秀的医生，由于医术出众，还被选为耶夫勒地区的高级行政官员。1775年，战争爆发后，伊曼纽尔抛弃了后方安稳的工作，到前线服兵役，成为一名军医。那时，人们觉得诺贝利叶斯这个姓过于拗口，于是简称他为诺贝尔——诺贝尔家族的姓氏也由此而来。

伊曼纽尔·诺贝利叶斯的儿子与他同名，叫伊曼纽尔·诺贝尔，于是人们将父亲称之为老伊曼纽尔，将儿子称为小伊曼纽尔。这个小伊曼纽尔不是别人，正是伟大的发明家诺贝尔的父亲。

小伊曼纽尔完全继承了先辈的天才智慧，在他还很小的时候就表现出了过人的创造力。当别人还在教室里熟读课本的时候，小伊曼纽尔就已经离开了课堂，开始鼓捣各种稀奇古怪的东西。14岁那年，小伊曼纽尔不顾家人的反对上船当了一名海员，年轻的他对一切充满好奇，并且钟情于各种充满风险的活动。

三年的船员生活，大大地开阔了小伊曼纽尔的视野，他对地中海国家和远东的风土人情了如指掌，并对那里的建筑格局产生了浓厚的兴趣。因此，当再次回到自己的故乡时，他萌生了当一名建筑家的念头。

坚定想法后，小伊曼纽尔开始积极地学习建筑知识，他先是在耶夫勒学了一年的建筑艺术学，后来又到首都斯德哥尔摩的一家工艺学院建筑系继续深造。

俗话说："兴趣是最好的老师。"虽然小伊曼纽尔没有经历太多的基础教育，但是他在绘画和机械建筑方面表现出来的天分却是别人望尘莫及的。

在工艺学院期间，小伊曼纽尔曾经先后三次获得学院颁发的"优秀建筑家"奖。同时，由于他的杰出表现，学院还破格让他当上机械系的设计员和助教。而学有所成的小伊曼纽尔并不满足于此——在他看来，学院奖励的奖学金并不能体现自己的真正价值。

离开学校后，小伊曼纽尔的天赋开始完全展现出来，他在斯德哥尔摩完成了许多建设项目和市政建筑工程，在瑞典的建筑业界声名鹊起。

除了在建筑方面有着惊人的表现外，小伊曼纽尔还将自己的想象力发挥到其他领域之中。比如：他独自设计出了会移动的木屋，并且研制出很多种性能不同的机床，这些机床在工业发展中所体现出来的优势是巨大的。

在发明的道路上做得越多，建筑梦也就离他越远，小伊曼纽尔最后甚至不明白自己究竟是要做一个建筑家还是发明家了。但是，不管是做什么家，小伊曼纽尔都感觉乐此不疲，尤其是每次发明创造出一种"新玩意儿"的时候，他都会像孩子一样乐开了花。

1828年，小伊曼纽尔发明了一种"诺贝尔机械运动"的机械运作方法，这种方法可以将循环运动改变为前后运动，小伊曼纽尔借此获得了专利权。后来，小伊曼纽尔根据这种方法造出了具有10个滚轮的碾轧机，这种机器同样在工业领域展现出了巨大的作用，也就是后世人们所熟知的机床。至此，小伊曼纽尔开始在发明创造方面展现出了更胜人一筹的能力。

事实上，在1828年以后，小伊曼纽尔已经将自己更多的精力放在了发明创造上，他总是有一些别人看来不可思议的想法和主意。更了不起的是，他总是能够将这些想法变成现实。

小伊曼纽尔想创造出更多别人闻所未闻、见所未见的东西。在目睹一次部队的行军后，小伊曼纽尔萌生了一个新奇的想法。回到家中，小伊曼纽尔马上将自己的想法变成了现实的物品———一种橡皮囊由此诞生了。这种橡皮囊在行军过程中有着不错的作用：在陆地上时，它可以像背包一样盛放物品；在渡河时充上气体，就可以变成一艘橡皮船，帮助战士们渡河。

虽然小伊曼纽尔的创意十分新颖，但是他的想法太过超前了，人们根本不相信一个小小的橡皮囊能解决行军中的诸多问题。所以，小伊曼纽尔向军方提供自己的产品时，遭到了军方的拒绝，他的小气囊工厂也随之倒闭。

在很多人看来小伊曼纽尔是一个怪物，因为他所做的一切都是那样的莫名其妙，有些人甚至私下里议论说："老伊曼纽尔真是太不幸了，竟然生了这样一个怪物儿子，谁要嫁过来可真是倒霉透顶了。"

一个富有想象力的发明家总是能够打动那些同样富有想象力的人，农村姑娘卡罗琳·安德烈特·阿尔塞尔并不认为小伊曼纽尔是无能的，她比别人更懂得欣赏小伊曼纽尔脑瓜中的奇思妙想。于是，在1827年，她义无反顾地来到小伊曼纽尔的身边，成为他的妻子。

卡罗琳出生于瑞典南部多山的斯莫兰省，像她的祖辈们一样，卡罗琳也是一个勤劳的农民，但是由于他们家经营得法，过着非常富足的生活——这一点连"发明家"小伊曼纽尔都望尘莫及。虽然出身在富贵人家，但卡罗琳并没有沾染上小姐的坏习惯，相反她还经常出入田间地头，过着与普通农民无异的生活。

朴素的生活让卡罗琳树立起了积极的人生观，她谦虚、乐观，又善解人意，每当小伊曼纽尔陷入困境时，卡罗琳就会主动地为小伊曼纽尔分忧解愁，有了这样一个贤内助，小伊曼纽尔可以更用心地投入到发明创造中。

最初，小伊曼纽尔的生活状况并不算十分糟糕，凭借着自己的天才智慧，他让卡罗琳过着还算富足的生活。在此期间，他们的两个儿子罗伯特·诺贝尔、路德维希·诺贝尔先后诞生，两个小家伙的到来让这个家庭充满了快乐。

可是，就在小伊曼纽尔充满雄心壮志、准备大展宏图的时候，一场接一场的不幸先后降临到这个家庭。最开始，小伊曼纽尔的实验室遭到了重挫，他研发出的新产品无人问津，这让他濒临破产的边缘；接着，一场突如其来的大火又将他们最后的栖身地也烧毁了。别人眼中的"倒霉蛋"伊曼纽尔终于倒霉了。

天才总是孤独的，小伊曼纽尔并没有理会别人对他的指指点点，他顶着巨大的压力，一个人承受着失败，然后再重新站起来，把加倍的努力和勇气投入到下一项发明创造中。或许

Chapter 1 第一章 发明家的儿子

正是他这种对发明的痴迷影响了诺贝尔，让诺贝尔走上了科研探索的道路，再也没有停下来。

2. "火柴"童年

火灾发生后，小伊曼纽尔一家陷入了前所未有的困境中。这时，卡罗琳却表现出了超出常人的坚强。为了节约家用，她经常不停地奔波在斯德哥尔摩的郊区，试图寻找更加便宜的住处——她想竭尽所能地给丈夫提供帮助。最后，一家人在诺曼斯格坦街9号定居了下来。与之前相比，这里的住宿条件可以说差到不能再差了，但是卡罗琳从来没有抱怨过。

1833年的10月21日，在小伊曼纽尔一家最穷困、最无助的时候，诺贝尔在诺曼斯格坦街9号这个脏乱不堪的公寓里诞生了。与两个健康的哥哥相比，诺贝尔多少有些不幸，因为贫困的家庭条件无法为他提供像样的营养补充，这让他的身体看上去非常虚弱。小伊曼纽尔甚至认为自己的第三个儿子根本无法存活下去，这让卡罗琳万分悲伤。

在诺贝尔刚刚出生的那段时间里，他的身体糟糕透了，一不小心就有可能感冒、发烧，卡罗琳不得不花费大量的精力来照顾诺贝尔。这个时候，罗伯特和路德维希已经十分懂事了，他们经常帮助母亲照顾弟弟。有时候，他们正玩得起兴，可是听到弟弟痛苦的呻吟声时，他们总会马上丢掉手中的玩具,来到弟弟的床前。

但是更多的时候,小诺贝尔依然需要卡罗琳无微不至的关怀和呵护——她总是要在诺贝尔身体稍感不适的时候出现。尤其是当诺贝尔因为发烧而陷入昏迷时,卡罗琳更是不遗余力地去挽救这个幼小的生命。

在小伊曼纽尔看来,卡罗琳已经尽力了,剩下的事情应该由上帝来作决定。但是,卡罗琳却不这么认为,她希望自己能够帮助诺贝尔逃脱命运的摆布,她要努力维持这个幼小的生命火苗不熄灭。卡罗琳的这份执著最终打动了上帝——他没有把诺贝尔从卡罗琳身边带走。

幼小的诺贝尔对母亲为自己所做的一切印象深刻。在之后的人生道路上,他始终将母亲视为自己生命的引导者,他总是对童年的往事无法忘怀。18岁那年,对文学颇感兴趣的诺贝尔甚至写了一些送给母亲的小诗,其中颇有自传色彩的诗歌《谜》真实地描述了他童年的经历:

我躺在摇篮里行将死去,
母亲怀着深沉的爱,
长年累月守护在我的身旁,
虽然希望渺茫,
她却要拯救这欲灭之光。

我连吸吮乳汁的气力都没有,
接着是一阵抽搐,
直把我送到死亡的边缘,

Chapter 1　第一章　发明家的儿子

我体验到了死亡的痛苦,
又感受到了死亡的极点。
好不容易长大了,
病弱仍然一直伴随着童年。

在这个小小的世界上,
我生活的地方,
仿佛是陌生的,
小伙伴们玩得热火朝天,
我却只能默默地站在一旁观看。

我这颗与童年欢乐无缘的心,
只能朝着未来,
把希望寄托给明天。

　　与对母亲的深切怀念不同,在诺贝尔的童年印象中很少有父亲小伊曼纽尔的模样。那是因为,在他刚刚四岁的时候,小伊曼纽尔就离开了他。

　　火灾发生后,小伊曼纽尔虽然仍做着自己的"发明梦",但是他也不得不面对惨淡的现实,他必须去赚足够多的钱来贴补家用——只有这样,这个家才不会因为贫穷而没落。所以,在很长一段时间里,小伊曼纽尔都凭借着自己在建筑方面的卓越才华,努力地维持着这个家。

　　但是,在经历了拿破仑战争后,19世纪的瑞典陷入了国民经济大萧条中,很多瑞典人民流离失所,他们纷纷离开了自己的家园去别的国家谋求更好的生活。拥有500万人口的瑞典在短短几年时间里，就失去了100多万人口。人口的大量流失，导致了建筑行业空前地凋敝起来。在这样的大环境下，小伊曼纽尔即使有再高超的技艺，也无法重整旗鼓了。

当时，小伊曼纽尔并没有停止自己的发明研究。在一次实验中，他因为操作不慎，引发了一场爆炸。这次爆炸并没有伤到任何人，但是却遭到了邻居们的强烈反对，他们坚决要求小伊曼纽尔一家离开，甚至最后连市政厅都亲自颁发了命令，严禁小伊曼纽尔继续在家中做任何实验。

为了躲避这些无情的人，小伊曼纽尔与卡罗琳进行了一次长时间的商讨，他想像其他瑞典人一样离开这个毫无生机的国家。他对卡罗琳说："我是一个发明家，但是瑞典显然不适合我这样的人生存下去，所以我应该出去奋斗一下。我相信，总有一个国家会需要像我这样的人才。"

小伊曼纽尔的离开让这个困顿的家庭雪上加霜，但是卡罗琳没有向生活低头，在几位有同情心的朋友和邻居的帮助下，她开始经营一家小小的店铺。店铺里经营的都是非常普通的乳制品和蔬菜，每天能给这个家庭带来十分微薄的收入，而身体羸弱的诺贝尔则要花去这些收入的大部分。

为了减轻母亲的负担，年幼的罗伯特和路德维希经常在街头兜售火柴。尤其是到了寒冬，那个时候人们往往需要火柴来取暖，小哥儿俩就会不顾寒冷，瑟瑟发抖地出现在很多家庭的门口为人们提供火柴。

这个时候的诺贝尔已经懂事了，他总是希望能够帮助母

Chapter 1　第一章　发明家的儿子

亲和哥哥做一些力所能及的事情。卖火柴这样的事情是被母亲严令禁止的，但是身体孱弱的诺贝尔还是会趁着母亲不注意，跟在哥哥们的屁股后面溜出去。

脸色苍白、体质虚弱的诺贝尔总是能够很容易招揽到客户。人们知道卡罗琳一家实在是太不幸了，尤其是娇小的诺贝尔更是人们眼中的"小可怜"，他们会非常富有同情心地用一些零碎的分币购买诺贝尔的火柴——尽管有时候他们并不需要。

诺贝尔并不能像两个哥哥一样一直出现在街头，他往往在卖出去几盒火柴后就会累得气喘吁吁——他需要更多的时间来休息，然后补充自己的体力。每到这个时候，诺贝尔都会小心翼翼地拿出一根火柴仔细地端详半天。

在诺贝尔看来，火柴实在是一件神奇之物，它是那么渺小，可是却可以燃起熊熊的大火，他总是在想一枚小小的火柴头里为什么会蕴含着如此巨大的能量——这是诺贝尔的人生中第一次接触与火药相关的东西。

当时的瑞典有着世界上最先进的火柴技术，黄磷火柴在整个欧洲地区都十分流行。但是，这种火柴却有着很大的弊端，那就是它的燃点非常低，保存不当很容易酿成火灾，给人造成伤害。为了降低这种不必要的伤害，人们通过改良，用化学性质不活泼的赤磷代替黄磷——安全火柴就这样被发明创造出来了。

卖火柴的诺贝尔只管将自己手中的火柴售卖出去，他卖过黄磷火柴，也卖过安全火柴。他并不明白火柴所经历的变革,但是他却经历了欧洲人对安全产品的渴求过程——人们总是在寻找一些更加安全可靠的生活和工业用品,哪怕是一根小小的火柴。这种思潮给幼小的诺贝尔留下了非常深刻的印象。

总体来说,诺贝尔的童年像一根火柴一般,他在疾病的"寒风"中瑟瑟发抖、毫无生气,但是他生命的火焰却自始至终没有熄灭,并在几十年后点燃了一场火药变革的熊熊烈火。

3. 远方来信

在母亲的呵护下,诺贝尔逐渐成长起来。哥哥罗伯特和路德维希也先后成为学堂里的学生,他们经常会给诺贝尔讲述课堂里发生的各种各样有趣的事情,有时候还会将老师讲给他们的故事转述给诺贝尔听。

对于身体孱弱的诺贝尔来说,学堂里的东西像魔法一样吸引着他,尤其是哥哥们讲述的故事更是让他羡慕不已。但是,由于身体健康方面的原因,他没有办法像哥哥们那样早早地进入学堂,于是在8岁之前,他的大部分时间都是在家里读书学习。

斯德哥尔摩的郊区依山傍水,那里有青翠的山峦和碧绿的湖水。卡罗琳每次到田地里劳作的时候,都会将诺贝尔放在大自然中，让他尽情地享受。诺贝尔就这样独自一人徘徊在田野里、小河边，然后闪烁着一对晶莹的大眼睛注视着远方，最后陷入到思考之中。

天空的色彩，浮动的云朵，季节和气候的不同而引起的千变万化，这些都深深地引起了诺贝尔的好奇。他沉迷于观察大自然，并从中得到了无限的乐趣，以至于在若干年后，他还坚定地认为，是大自然给他上了人生的第一课。

8岁那年，诺贝尔到了上学的年龄。为了能够尽早像哥哥们一样进入学堂，诺贝尔时不时地会缠着母亲，央求她让自己去上学。关于上学这件事，卡罗琳想过很久，她甚至为此而暗暗落泪：诺贝尔的身体实在是太弱了，在家里他能受到自己无微不至的照顾，可是到了学堂，谁又能保护他呢？如果有行为粗鲁的坏学生欺负小诺贝尔，该怎么办呢？从来没有受过委屈的他是否能够经受得起那些古板而又严苛的老师的教育方式……这些都是卡罗琳担心的。

担心归担心，卡罗琳最终还是决定将诺贝尔送到学校去，因为让孩子们接受最好的教育一直以来都是诺贝尔家族的良好习惯，她必须让小诺贝尔接受教育。1841年秋天，在经过再三思量之后，卡罗琳将诺贝尔送到了斯德哥尔摩的圣雅各布高级卫道士小学，这是诺贝尔一生中唯一接受过的正统教育。

在校期间，诺贝尔的身体状况依然得不到好转，很多时候他都不得不缺席课程。然而，缺席课程并不是最让卡罗琳头疼的事情，如她所料想的那样，诺贝尔长久以来在家中养成的孤僻性格让他在学堂里很难找到新的朋友。当别的小朋友们在一起玩耍的时候,诺贝尔只是静静地待在教室的角落里,咬着嘴唇远远地观望着一切,似乎这一切与他都没有任何关系。

诺贝尔喜欢专注于自己的世界,当小朋友们在课堂上无忧无虑、畅所欲言的时候,诺贝尔却在若有所思地思考着问题。与同龄人相比,善于思考无疑是诺贝尔最大的优势,他渴望通过自己去解决课堂上的难题。尽管他是整个年级里缺席课程最多的学生,但是他的成绩却是最好的。

有时候,看着母亲为他付出的一切辛劳,诺贝尔会产生离开学校的想法,他开始对哥哥们描述的那个课堂厌倦了,而且他也并不认为这里教给他的东西比大自然更多。但是,卡罗琳却坚决不同意,她总是要孩子们专心学习,不要担心其他的事情,为此她愿意作出更多的牺牲。

转眼到了冬天,诺贝尔兄弟三人为母亲送上了一份礼物——他们的成绩一个比一个优异,小诺贝尔更是取得了同年级中的最好成绩。这让卡罗琳十分开心,她觉得自己付出的一切都是值得的,她希望远在异国他乡的丈夫能够与自己分享这份快乐。遗憾的是,她连丈夫在哪里都搞不明白。

1842年10月的一天,日子如往日般平静,罗伯特和路德维希一早就带着小诺贝尔赶往学校,而卡罗琳像往日一样开始了一天的忙碌,浑然不知幸福即将到来。离家出走五年之久的伊曼纽尔给卡罗琳来了一封信,信中伊曼纽尔向卡罗琳讲述了自己在这五年时间里颠沛流离的生活:

1837年,背负着大笔债务的伊曼纽尔离开了瑞典,他

Chapter 1 | 第一章 发明家的儿子

梦想着在别的国家实现自己的"发明梦"。但是，现实远没有他想的那么乐观。他在芬兰的图尔库做过各种各样的工作——建筑师、营造师、实验员……但是不论是哪一种工作，都没能让他改变拮据的生活。相反，他还遭受了很多的磨难，唯一证明伊曼纽尔的是图尔库新建起来的一排排崭新的建筑。

经济得不到改善，自己的发明创造也不被这里接受，伊曼纽尔决定离开这里，他需要找到一个能够接受自己想象力的地方——只有那样，自己的梦想才会变为现实。就在伊曼纽尔不知道下一步该如何是好的时候，他结识了一名俄国军人。

事实上，俄国军人对伊曼纽尔的那些奇思妙想并不感兴趣，但他却是一个十分豪爽的人，在与伊曼纽尔成为朋友之后，他多次撺掇着伊曼纽尔和自己一起离开芬兰，因为在圣彼得堡，说不定会有人对伊曼纽尔的那些"怪东西"感兴趣。

在这位俄国军人的劝说下，伊曼纽尔决定离开芬兰，到俄国去碰碰运气。让伊曼纽尔没有想到的是，在圣彼得堡，他遇到了一群真正懂得他价值的人。还是在瑞典的时候，伊曼纽尔就发明了地雷和水雷，这些爆炸物可以很好地阻碍敌人在陆地和水上前进，但是瑞典的武装部队对这些武器没有丝毫兴趣。

到俄国后不久，伊曼纽尔通过俄国军人，将水雷和地雷的设计图纸和样品提供给了俄国军队。俄国军方很快就作出了反应，他们对伊曼纽尔的这些新式武器充满了浓厚的兴趣，并且在最快的时间内为伊曼纽尔提供了资金，让他恢复实验，生产一些新的样品出来。

伊曼纽尔的实验非常成功，在一次演习中，水雷和地雷的威力赢得了俄国军官们的高度赞誉。俄国军事当局当即为伊曼纽尔提供了一笔不菲的资金作为奖励。有了这笔资金，伊曼纽尔的"发明梦"终于可以走上正轨了。

凭借着自身的不断努力，伊曼纽尔在1842年年初建立起了一家机械工厂，并将它命名为"奥加列夫与诺贝尔（经准许的）铸造车轮厂"，这家工厂的主要客户就是俄国军事局，他们在这里订购了大量的地雷和水雷。

除了满足俄国军事局的需求外，这家机械厂还为伊曼纽尔的发明创造提供了很大的空间。他在抓生产的同时，没有忘记搞一些新的发明出来，比如轰动一时的"诺贝尔型轮轴切削车床"，就是在那个时候诞生的，而它不过是伊曼纽尔创造的众多机床之一。

还有一项发明也很了不起，那就是中央暖气热水管，这项发明让身处苦寒之地的俄罗斯人在家中感受到了前所未有的温暖，"奥加列夫与诺贝尔铸造车轮厂"将它投入生产后，一度供不应求。这种中央暖气热水管也是现代各种暖气装置的雏形。

在俄国，伊曼纽尔终于成为了一名地地道道的发明家，他也凭借着自己的发明成功地打了一个翻身仗。在生活不再拮据的时候，他决定给妻子寄一大笔钱过去，这笔钱一部分用来偿还自己的债务，另一部分作为妻子和孩子们来俄国的盘缠——他要把一家人接到这个让他实现梦想的地方。

卡罗琳在收到伊曼纽尔的信件之后，始终不敢相信这一切是真的——她觉得幸福来得太突然了。在过去几年时间里，卡罗琳为这个家庭吃了太多的苦。与卡罗琳不同的是，孩子们听说这件事后个个手舞足蹈，他们已经迫不及待地想踏上征程，到另一个国家去生活——这在之前是他们想都不敢想的事情。

罗伯特先于母亲和弟弟赶往俄国，而卡罗琳带着路德维希和小诺贝尔于1842年10月18日离开斯德哥尔摩，登上了前往圣彼得堡的航船。他们先是乘坐帆船横渡亚兰海，接着又坐着公共马车，从图尔库来到圣彼得堡。

对于身体羸弱的小诺贝尔来说，这一路的辛劳都不算什么，他想的最多的还是对父亲的想象和期待。在诺贝尔的印象里，父亲已经是一个非常模糊的概念了，他甚至想不起来父亲的模样。一路上，他总是不停地向卡罗琳提问，他想知道父亲会不会是很凶的模样，或者父亲会不会给予他像妈妈一样的爱。卡罗琳则笑着告诉诺贝尔自己所知道的一切。

前往俄国的道路漫长而曲折，正如伊曼纽尔追求梦想的道路一样，事实上诺贝尔在不久的将来会走上一条比这更艰辛的发明之路。这一年，诺贝尔只有9岁，但是他对自己所经历的一切都刻骨铭心。在诺贝尔功成名就之后，他总是会回忆起这段往事，并认为正是这条前往俄国的道路改变了自己的人生和命运。

4. 初到俄国

与斯德哥尔摩类似于贫民窟的住宅不同，伊曼纽尔在圣彼得堡的高级住宅区拥有自己的住房。这里有着漂亮的庭院、美丽的花坛，还有一个大大的水池，里面的喷泉从诺贝尔一家来到这里后，就没有停过，鱼儿在里面不停地游来游去，郁郁葱葱的树木和蓝天白云倒映在池水中，像一幅美丽的图画。

诺贝尔像闯进童话世界里一般，他甚至怀疑这一切是不是"火柴"带来的，他一点都不想成为"卖火柴的小男孩"。对诺贝尔表现出来的惊奇，伊曼纽尔一点都不奇怪，他愧疚地将诺贝尔抱在怀中说："我的孩子，你依然那么瘦小，希望你在这里能够成为一个顶天立地的男子汉，这里可比斯德哥尔摩好多了。"

除了诺贝尔有些不适应外，卡罗琳也对这里的一切感到无所适从。她还从来没有来过如此奢华的地方，巍峨的宫殿、熙熙攘攘的大街、琳琅满目的商店，这里的一切都是她以前从来没有接触过的。更让她感到惊讶的是，伊曼纽尔竟然请来了女佣帮她打理家务，这让她多少有些手足无措。

就在一家人为俄国的新环境而感到欢欣鼓舞的时候，小诺贝尔却让大家陷入了沮丧之中，他的健康并没有因为环境的改善而有所提高,常常是今天感冒才刚刚好了一些,第二天胃病就又来找他的麻烦,胃病好了,别的地方又出现了疾患。在伊曼纽尔看来,小诺贝尔简直就是一个"小药罐子"。

一天,诺贝尔的医生告诉卡罗琳,诺贝尔的脊柱有了一些麻烦,需要用很长的时间来静养。医生还一再叮嘱卡罗琳,静养期间必须让诺贝尔趴在床上什么都不要做,时间越久就越有助于他脊柱的恢复。这下可把卡罗琳吓坏了,以至于她用近乎命令的口气将这个消息告诉了诺贝尔。

诺贝尔似乎并不觉得这是个十分糟糕的决定,虽然两个哥哥在圣彼得堡玩得如鱼得水,但他还是更喜欢一个人待在床上冥思苦想——在他的小脑袋瓜里,很多想法自由地、无拘无束地驰骋着。

为了让诺贝尔不感到孤独,伊曼纽尔请来了一位名叫拉斯·桑特森的家庭教师。他认为,有了家庭教师诺贝尔躺在床上就不会孤单了,而且能够更好地学习知识。得知这个消息后,诺贝尔有些兴奋,因为学习对于他来说实在是一件快乐无比的事情。

在经过一番简单的布置后,诺贝尔的房间成了一个简单的临时教室,伊曼纽尔请来的家庭教师每天都会准时出现在这里,为诺贝尔辅导功课。后来,罗伯特和路德维希也加入到这个临时课堂里来,兄弟三人就这样一边学习俄语,一边学习一些简单的科学知识——当然,化学知识是他们必须掌握的一门课程。

拉斯·桑特森是一名优秀的瑞典教师,他不仅通晓俄语，而且有着非常渊博的知识，历史、数学、化学教起来游刃有余，最重要的是桑特森并不像学校里的老师那样古板，他总是能够调动起兄弟三人的学习兴趣。在他的教导下，诺贝尔和两个哥哥的俄语有了明显的进步。

与罗伯特和路德维希相比，诺贝尔的天赋显然更胜一筹。他与两个哥哥学习的东西都一样，但是成绩却一点都不差——要知道，他的基础在兄弟三人里是最差的。这多少让伊曼纽尔有些吃惊，他觉得诺贝尔非常像小时候的自己，在学习上有着一股子别人所没有的狠劲。

其实，诺贝尔身上所具备的可不仅仅是学习的狠劲，虽然常常卧床不起，但是他和父亲一样热衷于发明。有时候，桑特森老师有事不能来为他们授课，两个哥哥会离开房间出去自由地玩耍，而诺贝尔则会静静地待在家里，将自己脑袋里一些新奇的想法变成现实。比如：他觉得同时学习几种语言实在是一件很酷的事情，于是他就找来英语、德语、法语等书籍自学，结果诺贝尔发现自己完全可以很好地同时掌握几种语言。

诺贝尔开始尝试自己的游戏了：他总是将一些文章翻译成德语，然后把德语翻译成法语，把法语翻译成英语，再把英语翻译成俄语。诺贝尔所做的一切，让桑特森感到不可思议，有时候桑特森认为自己已经无法为诺贝尔提供更好的教育了。

在诺贝尔钟情于各种外语学习的时候，一本诗集闯入了他的世界。一天，桑特森老师在闲暇时间捧着一本装帧精美的图书在阅读，诺贝尔看到后非常喜欢。趁着桑特森休息的时候，诺贝尔偷偷地拿来读了起来。这是一本英文的诗集，但是它一点都难不住诺贝尔。诺贝尔只看了几眼，就被其中的内容深深地吸引住了。其中有一段文字是这样的：

像一片烈火的轻云，

掠过蔚蓝的天心，

永远歌唱着飞翔，

飞翔着歌唱。

在这之前，诺贝尔从来没有见过如此优美的文字，他仿佛真的听到了云雀在自己的头顶上欢快地歌唱，仿佛又回到了斯德哥尔摩那熟悉的郊外。后来，通过向桑特森老师请教，诺贝尔才知道，这是英国诗人雪莱的作品。

桑特森老师还告诉诺贝尔，雪莱曾经也有过一个多病的童年，即使在他成年后，也依旧身体虚弱。但是，雪莱却有着比普通人更坚强的心，因为他总是能比别人发现更多美好的事物。雪莱的故事大大地激励了诺贝尔。从那以后，诺贝尔就开始整日地阅读雪莱的著作。

对于大发明家伊曼纽尔来说，孩子们喜欢什么他并不作过度的干涉。这个家族的"天才们"历来都是在按照自己的人生轨迹发展，他的先祖们有的爱好音乐，有的喜欢作画，如今再多一个诗人也未尝不可。但是，他只是觉得，那些诗人们写的东西乏味得很，甚至有些"娘娘腔"。

卡罗琳则比伊曼纽尔更积极，她总是鼓励诺贝尔多学习，甚至时不时地对诺贝尔说："阿尔弗雷德，我们的祖先鲁德伯克有着像雪莱一样的诗作,如果你喜欢诗作,那妈妈就会坚定不移地站在你这一边。"有了卡罗琳的支持,诺贝尔很是欢喜,他经常在自己的屋子里背诵和朗读雪莱的诗作,后来他又读了更多诗人的著作,并将这个爱好和习惯维持了一生。

随着诺贝尔语言能力的突飞猛进,伊曼纽尔意识到需要找一些比桑特森更优秀的老师来担当授课工作。于是,他请来了俄国教师尼古拉·津宁。与桑特森多方面的才能不同,津宁是一位知识渊博的化学教授,他的出现给诺贝尔带来了一个更加神奇的化学世界,这个世界让一度沉溺于文学殿堂的诺贝尔欣喜不已。

重新团聚后的诺贝尔一家很快就迎来又一个喜讯,卡罗琳和伊曼纽尔为这个家族带来了他们的第六个成员——埃米尔。埃米尔的到来,让诺贝尔十分开心——他终于不再是这个家族里最小的那个了。罗伯特和路德维希也不会像以前那样对自己呼来喝去了,因为他们有了新的目标。

在接下来的几年时间里,诺贝尔总是会像罗伯特和路德维希当年守护自己一样地守护在埃米尔身旁,他可不想弟弟像自己这样弱不禁风。出生在殷实的家境中,又有母亲和哥哥的照顾,埃米尔健康地成长着,与幼年时的诺贝尔相比,埃米尔要强壮得多。没有人知道,一段悲惨的命运正在前方等待着埃米尔。

除了照顾弟弟外,诺贝尔完全沉浸在了化学的世界中,他总是不停地摆弄着父亲实验室里那些稀奇古怪的玻璃器皿。这个时候,他已经不再渴望成为雪莱那样的诗人或者文学家了。虽然他依然疯狂地热爱着文学，但是，更多的时候，他却希望自己能够成为像父亲伊曼纽尔那样的发明家。

Chapter 2

ALFRED　第二章　悲喜青春
NOBEL

1. "天才助手"

时间过得飞快,转眼来到了1846年,当年那个弱不禁风的诺贝尔已经成为了大小伙子,虽然他的身体还会时不时地生一些小病,但是总体来说,诺贝尔已经不再像以前那样孱弱了。除了继续向老师学习外,诺贝尔开始频繁地出现在父亲的工厂里,帮着伊曼纽尔做一些力所能及的事情。

经过几年的迅速发展,伊曼纽尔的工厂比之前扩大了很多倍。他不再单纯地为俄国军事局提供地雷和水雷,更多的时候还为俄国民众提供水管和铁器制品,一些工厂甚至在这里定制生产用的蒸汽机。由于产品结实可靠、质量过硬,在俄国的企业界,伊曼纽尔已经具有了很高的声誉。

工厂建在圣彼得堡的一条河流对面,没有功课的时候,诺贝尔就会和哥哥们一起乘船渡河到父亲的工厂去。如果不是很忙,伊曼纽尔很乐于带着自己的儿子们参观自己的工厂,有时候他还会坐下来给孩子们讲解机械的构造原理和地雷及水雷的制作方法。

当时的俄国正处于沙皇尼古拉的统治下。尼古拉试图让俄国的军事实力称霸欧洲乃至整个世界,所以他总是想尽一切办法来提高俄国的军事实力。作为地雷的发明者,伊曼纽尔得到了尼古拉的欣赏。尼古拉向伊曼纽尔提供了一大笔资金,要求他对地雷进行一系列的改革，从而提高地雷的威力。

每次来到工厂，诺贝尔总是发现父亲在忙碌着做各种各样的地雷实验，在一阵又一阵的爆炸声中，诺贝尔对地雷产生了很大的兴趣。一直以来，诺贝尔在家庭教师尼古拉·津宁的影响下就对化学实验充满了兴趣，但像地雷爆炸这样强烈的化学反应，他还是第一次见到，他很想弄明白究竟是什么让原本普通的化学元素变成了威力强大的武器。

诺贝尔想像父亲一样，对地雷进行深入的研究，但是却遭到了伊曼纽尔的强烈反对。地雷爆炸的过程对于孩子们来说是充满乐趣的，他们喜欢那种飞石四溅、火光闪耀的瞬间，但是他们却并不知道地雷的破坏力。伊曼纽尔害怕自己的孩子们被地雷伤害，所以他一再告诫他们："地雷是一种很危险的产品，你们只有做到足够的仔细、认真，并充满自信，才能更好地驾驭它。"

诺贝尔并没有被父亲的话吓倒，相反，他认为自己已经完全具备了这些素质，他决心做一个像父亲一样的发明家。诺贝尔的心思早被聪明过人的伊曼纽尔看在了眼里，他觉得自己

Chapter 2　第二章　悲喜青春

有必要根据孩子们的特点进行因材施教。

罗伯特喜欢和别人打交道，而且脑子也十分灵活。伊曼纽尔经常带着他参加一些销售活动。时间长了，刚刚二十岁出头的罗伯特已经能够很好地应付客户了，他总是能够将工厂的新产品和新设备很轻松地推销出去。于是，伊曼纽尔就让罗伯特负责工厂的对外事务，并且每个月会向他支付一百多卢布，这实在是一笔不菲的收入。

路德维希则在机械方面有着卓越的才华，虽然他年纪很小，但他的一些设计已经获得了厂里很多工程师的认可。在伊曼纽尔看来，用不了几年时间，自己的儿子就将成为这里最出色的机械工程师。

至于年幼的诺贝尔，在伊曼纽尔看来，他的才能要远远强于两个哥哥，而且这个小家伙身上颇有些自己年轻时的影子，将来必定会大有作为。既然这样，不如把他带在身边，让他做自己的助理，这样就能更好地将自己的知识和技能传授给他。于是，伊曼纽尔将诺贝尔从课堂上拉出来，让他陪伴在自己身边。这一年诺贝尔只有15岁，在父亲的教导下他开始频繁地接触各种炸药和机械设备。

约翰·埃里克森是伊曼纽尔的好友，他是瑞典海军工程师。与伊曼纽尔一样，埃里克森同样热衷于发明创造，热式发动机就是他的杰作。美国南北战争期间，北方军队屡战屡胜的新型船舰"莫尼塔号"也同样出自他手。由于两人有着共同的爱好，埃里克森与伊曼纽尔的关系走得非常近。

在埃里克森看来，诺贝尔是一个比伊曼纽尔还伟大的天才少年,每次当他和伊曼纽尔为一些问题感到困惑的时候,这个沉默寡言的小家伙总能在旁边说出一些解决问题的关键点,他的想法虽然有些简单,但是思路无疑是正确的。因此,埃里克森总是对伊曼纽尔说:"伙计,我们绝不能让诺贝尔待在你的工厂里浪费才华,他应该多出去看一看,把他送到美国去吧。我会在那里照应他。相信我,那里有不少比你、我更伟大的人物。"

埃里克森的建议引起了伊曼纽尔的兴趣。事实的确是这样——自己的工厂在圣彼得堡虽然经营得有声有色,但是发展的空间毕竟有限,而诺贝尔身上所展现出来的才华却是不可估量的。如果长时间让他待在这里,难免会被自己耽搁了,还不如索性把他送到国外去,让他出去开阔一下眼界,继续学习一些最新的设计思路并考察各国最新的科学和技术,这样也能锻炼他的能力。

伊曼纽尔将自己的想法告诉了卡罗琳,这让卡罗琳多少有些担心。虽然她知道让儿子出去学习是一件很好的事情,但想到诺贝尔一直以来疾病不断的身体,她还是有些担心。但是,这些担心显然无法阻止伊曼纽尔将诺贝尔送到国外的决心。

1850年,17岁的诺贝尔独自一人离开俄国,开始了他人生最重要的一段旅程。在通往德国的轮船上,诺贝尔面对着碧波万顷的大海和空中飞舞的海鸥,感慨万千,他从来不曾想过,多病的自己能够单独地去面对生活中的一切。如今,这一切真实地发生了,可是在内心深处,自己却没有一丝一毫的恐惧和不安，相反还多少有些壮志凌云的感觉。热衷于诗歌写作的诺贝尔为此专门作了一首诗，来表达自己的内心感受：

> 我少小离家，
> 漂洋过海赴他乡；
> 纵使海洋浩瀚无边，
> 竟未曾让我惊叹诧异——
> 我心中的海洋更宽广。

诺贝尔旅行的第一站是德国。到达德国后不久，他便马不停蹄地开始了自己的工作。他先后走访了数家大学和研究所，并参观了他们举行的一些实验项目。由于诺贝尔谦虚好学，没多久，他就结识了很多教授和学生。他们很乐意将自己的知识拿出来与诺贝尔分享。诺贝尔也认真地与他们交谈，回到旅馆后还会认真地做一些笔记。

在德国期间，诺贝尔发现自己是如此的浅薄和孤陋寡闻，很多德国学者的想法是他从来都闻所未闻的，而他们的一些科学技术也是自己在工厂里从来都没有接触过的。能接触到这些东西，让诺贝尔感到庆幸，他的求知欲也前所未有地旺盛起来。

离开德国后，诺贝尔又来到了丹麦。在丹麦，诺贝尔没有停留太长的时间，就接着绕道去意大利。在这两个国家，诺贝尔感受到了不一样的风土人情，这些东西总是充满趣味，让诺贝尔割舍不下。但是诺贝尔也明白，自己这次出来不只是为了游玩。

离开意大利后，诺贝尔迫不及待地赶往巴黎。在诺贝尔心中，巴黎一直以来都像圣地一般吸引着他，因为这里曾经有过太多的诗人的足迹。虽然自己已经成为父亲工厂里一个不起眼的小助手，但是诺贝尔从来都没有忘记自己对于诗歌和文学的渴望。

可惜的是，在巴黎等待着诺贝尔的却并不是美好的经历。

2. 伤痛中前行

作为人类历史上最伟大的科学家之一，诺贝尔的爱情故事一直以来都是人们津津乐道的一个重要话题。尤其在他的初恋上，更是有着很多的版本，其中一个还与他后来设立诺贝尔奖有关。

据说，诺贝尔之所以没有在诺贝尔奖中设立数学奖，是因为诺贝尔在年轻时环游各国的途中遭遇了瑞典数学家米塔格·勒夫内这个情敌。当时，他们在共同追求一名年轻美貌的女子，但是勒夫内却想方设法地阻止诺贝尔接近这位女子，以至于诺贝尔最终成为这场竞争中的失败者。

在爱情上败下阵来的诺贝尔对于这件事耿耿于怀，多年以后在他功成名就时，勒夫内也在数学方面取得了令人瞩目的成就。为了不让自己的这个情敌从自己的资产中得到任何好处，诺贝尔故意在设置奖项时取消了数学奖。

这个故事多少有些传奇色彩。但是，不管它多么吸引人，也只是一个故事罢了。后世的数学家也并没有为此而对诺贝尔怀恨于心。诺贝尔基金会前主席拉梅尔则认为，诺贝尔之所以没有设置数学奖项，是因为诺贝尔试图寻找一种具体的而不是抽象的方式造福于人类。

诺贝尔的第一次爱情远没有故事中那么富有传奇色彩，反而更多的是有一些凄凉。如果说诺贝尔一生的爱情都是悲剧的话，那么他的初恋则为这场悲剧拉开了大幕。

1851年，18岁的诺贝尔在欧洲游历一年后，来到了向往已久的巴黎。19世纪的巴黎是世界艺术家和文学家荟萃的地方，这里的很多剧场和美术馆都深深地吸引着诺贝尔，为此他甚至将巴黎称为自己内心渴望的"光明之城"。

白天，诺贝尔奔走在巴黎的街道上，学习这里的科学和文化。但是，到了夜晚，诺贝尔却为这个浪漫之都所伤害，因为在绚丽的霓虹灯下到处都是出双入对的情侣，而诺贝尔却只能孤零零地回到旅馆。

在无数个不眠之夜里，寂寞侵蚀着诺贝尔孤寂的心灵。在这个时候，诺贝尔并没有放纵自己流连于酒馆之间，而是开始用文字来驱赶自己的寂寞，自传体长诗《谜》就是在这段时间创作完成的。

爱情总是在不经意间到来。一天，诺贝尔应邀参加一个晚会，这个晚会是一些瑞典旅居法国的人士举办的，大发明家伊曼纽尔的儿子自然成为了晚会的焦点。在参加晚会的人中，有一个皮肤白皙、头发金黄的年轻貌美的女子引起了诺贝尔的注意，最后诺贝尔主动去邀请这位女子与自己一起跳舞。

在随后的一段时间里，诺贝尔了解到，这位金发女郎是一家小药店的售货员。她与诺贝尔有着十分相似的穷苦童年，并且他们对文学都有着同样的爱好——这让两个人之间的距离迅速拉近。每当诺贝尔陷入到失望和沮丧中的时候，她总是会在第一时间出现，安慰和鼓励他。

陷入爱情的诺贝尔诗兴大发，于是用诗来表达自己内心的兴奋之情：

> 我怀着从未有过的喜悦，
> 又一次同她见面了。
> 从那以后多次幽会，
> 我们已经难分难舍。

爱情的到来，让诺贝尔在巴黎的生活变得丰富多彩起来。他白天出入于各所大学，在那里向人们学习知识和经验；到了夜晚，他就会约她一起到塞纳河边散步，他们总是会为一些文学上的问题争执起来，但是这些争执完全无法破坏他们之间的甜蜜感情。

这段爱情如同诺贝尔人生长河中一颗璀璨的流星，它是那样的耀眼，却又转瞬而逝。在诺贝尔认为这个姑娘会陪伴自己一生的时候，一场突如其来的肺结核夺走了姑娘的生命。19世纪中期，肺结核仍然是困扰人们的绝症之一。尽管诺贝尔通过多方努力，试图挽救爱人的生命，但是最终还是眼睁睁地看着姑娘撒手人寰。

Chapter 2　第二章　悲喜青春

爱人的去世让诺贝尔伤心欲绝——在这份感情中，他几乎倾注了自己的全部热情，可是他却永远不能和她在一起了。在姑娘猝然离世的那段时间里，诺贝尔把自己关在小旅馆中，终日不肯出门，每天陷入极大的悲痛之中，这让原本就身体虚弱的诺贝尔憔悴了很多。一些人甚至认为，诺贝尔再也无法摆脱这伤痛了。

这次生离死别对诺贝尔的打击无疑是巨大的，在很长一段时间里，诺贝尔都不允许人们提及这个姑娘的名字。而他远在俄国的父母根本就不知道自己的儿子有过如此惊天动地的一场爱情经历，以至于这个姑娘的名字始终没有流传下来，这才使得关于诺贝尔的初恋出现了诸多的版本。

郁郁寡欢的诺贝尔为了早些从伤痛中走出来，决定离开巴黎这个伤心之地，他不再认为这里充满阳光。可是，他却始终不知道自己的下一站在哪里，他已经厌烦了这种漂泊的生活，他渴望回到母亲的身边。

就在诺贝尔迷茫的时候，法国的朋友们给他带来了一个消息，说英国即将举行一场盛大的世界博览会，博览会上会展出世界上顶级的机械制造产品和化工产品。诺贝尔在听到这个消息后，不假思索地收拾好自己的行囊离开了法国。

19世纪中叶，刚刚经历过工业革命之后的英国成为了世界上最大的工业强国，机械制造业和现代科技都处于世界前列，大多数英国人都对国家取得的成就深感骄傲，一些王室成员为了炫耀国家取得的成绩，开始举办一些小型的展览会。

英国女王维多利亚的丈夫阿尔伯特亲王认为应该举行一

次盛大的万国工业展览会，并在这次会议上向世人展示伟大的"日不落帝国"的强盛，以此来威慑那些"不文明"的、野蛮的友邻。阿尔伯特亲王的这一想法赢得了大多数王室成员的支持。

1851年5月1日开始，一个世界性的万国博览会在伦敦的海德公园正式拉开了帷幕，这场盛会持续了五个多月，吸引了600多万来自世界各地的参观者，其中就有刚刚离开法国的诺贝尔。

对于尚处于悲痛中的诺贝尔来说，这场盛会来的正是时候，展览会上诸多先进的工业产品给诺贝尔带来了极大的震撼。在海德公园所见到的一切，比他过去十几年时间所见到的所有工业产品的总和都要多，父亲工厂生产的产品与这里所展览的产品相比简直是小巫见大巫。尤其是美国，这个新兴国家展出的500多项产品，每一个都精彩绝伦。

美国在这次工业展览会上空前的成功，让自负满满的英国人大吃一惊，同时也让诺贝尔改变了自己回俄国的计划。他迫不及待地想漂洋过海，到大西洋的另一边那个年轻的国度去看一看，他要找到父亲的朋友埃里克森叔叔和他好好地聊一聊。

到达美国之前，诺贝尔给埃里克森去了一封长长的信，在这封信中，诺贝尔表达了自己对美国先进工业文明的钦慕，并希望埃里克森叔叔能为自己安排一些学习和工作的机会。埃里克森收到信后，马上给诺贝尔回信，他向诺贝尔表达了热忱的欢迎，并要他完全不用为在美国的生活担心，他会妥善地安排好一切。

到达美国之后，诺贝尔在埃里克森的公寓里休息了几天，便要求埃里克森带自己去他的车间看一看。让诺贝尔没有想到的是，埃里克森叔叔的车间是父亲工厂规模的几倍，这里的机械化程度也是父亲的工厂所不能相比的。在意识到这个巨大的差距后，诺贝尔决定在这里静下心来好好学习。

闲暇时，埃里克森喜欢带着诺贝尔到处逛一逛，可是诺贝尔却更愿意安静地待在埃里克森的实验室里，因为在这里能接触到很多新的研究思路和实验方法，大大地开阔自己的视野。诺贝尔的博闻强记让很多人感到不可思议，一些很小的实验细节，他也能够敏锐地观察到，并将它们牢记于心。

但是，诺贝尔并不认为自己比别人聪明，在他看来，自己有的只是差距，却没有半点优势。所以，他总是日以继夜地将自己关在实验室中。当他将所有的注意力都集中在实验中的时候，他就会犯一些低级的生活错误。比如：他有一次竟然将手中的餐刀当成了汤匙，在喝汤时划伤了自己——还好伤得不是很重。

在美国待了一年左右的时间后，诺贝尔从失去女友的悲痛中缓过神来，父亲伊曼纽尔也先后几次来信催他回国。于是，学有所成的诺贝尔决定向埃里克森叔叔告别。

在得知诺贝尔要离开美国的消息后，埃里克森第一时间给自己的老朋友伊曼纽尔去了一封信。埃里克森在信中说道："在我所见到过的年轻人中，我的诺贝尔侄子是他们中天资最好的，但是更让我感到惊讶的是他的勇气以及对知识的渴望，我相信他一定会成为比我们更优秀的科学家，我企盼着你能让他永远都走在正确的道路上。"

3. 积劳成疾

19世纪中叶，曾经不可一世的奥斯曼土耳其帝国开始进入衰落期，成为欧洲列强们口中竞相争夺的一块肥肉。俄国沙皇当然不肯错过这样的时机，他们准备增强军事实力，挫败土耳其，从而取得对黑海海峡的控制权，进而占领整个巴尔干半岛。

作为俄国军事局的重要合作伙伴，伊曼纽尔的工厂获得了大笔的订单，到1852年时，俄军事局要求伊曼纽尔的工厂停止生产民用的工业设备，将所有的财力和物力都投入到军备生产中。这一决定大大地扩大了伊曼纽尔工厂的生产规模，为了进行技术的更新和加强管理，伊曼纽尔决定将远在美国学习的诺贝尔召回俄国。

1852年7月，当阔别两年的诺贝尔重新回到圣彼得堡的时候，全然没有了两年前的稚嫩，他已经是一个真正的大小伙子了，不仅看上去长得更高了一些，而且身体也变得十分结实了。有所变化的不仅仅是诺贝尔，伊曼纽尔的工厂与两年前相比也扩大了三四倍，两个哥哥罗伯特和路德维希则看上去更加老练——他们已经变成非常成熟的商人和设计师了，埃米尔也长大了很多。

再次团聚,让诺贝尔家的每一个人的内心都充满激动和喜悦,他们的脸上洋溢着幸福的微笑。最开心的是卡罗琳,她无时无刻不在挂念着诺贝尔,生怕诺贝尔在外面有什么闪失,如今看着他健康归来,自然欣喜万分。

诺贝尔放下自己的行李,就迫不及待地向父亲和哥哥打听起工厂的情况。罗伯特和路德维希并没有理会诺贝尔提出的问题,他们只是沉默着不肯言语,想狠狠地吊一吊诺贝尔的胃口,他们已经两年没有欺负这个弟弟了,自然不肯放过机会。

伊曼纽尔也没有说什么,他只是先安顿好诺贝尔,让他吃了饭早早休息。可是,诺贝尔哪里睡得着,他迫不及待地想把自己这两年来所学习到的新知识应用到父亲的工厂里,他希望能把父亲的工厂变成埃里克森叔叔那样的工厂。

拗不过诺贝尔的伊曼纽尔只好领着他来到厂房。看到厂房,诺贝尔不禁大吃一惊:与两年前相比,这里无论是从规模还是从机械设备上都有了长足的发展,他实在弄不明白过去的两年发生了什么。

伊曼纽尔看着满脸疑惑的诺贝尔,得意洋洋地告诉了他工厂已经改名了,叫"诺贝尔父子机械铸造厂"。工厂先后雇用了1000多名工人在这里劳动,有很多人还是他们在瑞典的老相识,之所以叫他回来,是希望他的新知识能派上用场,而且工厂的管理人员短缺,需要他回来帮把手。

参观完工厂之后,诺贝尔一家终于坐在了餐桌前。吃饭的时候，伊曼纽尔又向大家宣布了一个自己刚刚知道的消息："孩子们，听说俄国人已经和英、法两国闹僵了，他们开始公开地在克里米亚和黑海争夺控制权了。沙皇刚刚让人给我带来一份绝密消息，要我们停止所有的实验，将全部精力投入到军事器械的生产上，这意味着我们将接到大笔的军方订单。"

听了伊曼纽尔的话，全家人都高兴地欢呼起来。但是诺贝尔却隐隐有些不安，他知道工厂每生产出一件武器，就可能意味着一个家庭将失去他们至亲至爱的人，更让他感到不安的是，他不认为俄国能够战胜强大的英、法两国——万国博览会上，英、法两国展示出的强大的工业制造力，远非俄国工厂所能媲美的。

但是不管怎么说，既然父亲已经接下了这个任务，那就努力地将它完成吧，说不定凭借自己的智慧能给工厂带来转机，如果能够生产出更先进的武器，说不定英国人和法国人会忌惮俄国人的实力而从克里米亚离开呢。

回到家的第二天，诺贝尔一家就开始忙碌了起来。诺贝尔开始长时间地停留在工厂里，时而和路德维希一起设计机床，时而和父亲奔走在车间里制造机床。大哥则频繁地在瑞典和俄国之间奔走，他要和俄军方沟通产品的订单事宜，还要负责从瑞典招募一些懂得机械制造的工人。

这样忙碌了一阵子后，伊曼纽尔发现了问题——军方承诺的资金一直没有到位。他多次找俄政府当局沟通，但是俄政府总是告诉伊曼纽尔，只有他的产品生产出来后，才会得到承诺的全部资金。这让伊曼纽尔深感为难，他不得不开始向银行借贷大量的现金来维持工厂的正常运转。

诺贝尔的崭新思想对工厂的生产起到了巨大的作用，他们很快就生产出了铁路使用的铁制品，接着是火车推进器，然后是军舰和大炮上所使用的蒸汽机，尤其是快速火枪的生产，让俄国政府称赞有加。1853年，由于伊曼纽尔对于俄国工业的巨大贡献，沙皇还为他颁发了一枚金质奖章。

在帮助工厂获得一系列的荣誉之后，诺贝尔开始和父亲一起对地雷和水雷进行改造，这要求他投入大量的时间来检验化学药品。化学药品的侵蚀性对原本就身体虚弱的诺贝尔构成了巨大的威胁。

一天，诺贝尔在实验室里做化学药品的检测时，突然觉得一阵眩晕，然后就站不起来了。实验室里的工人看到后，马上背着他离开实验室，将他送到伊曼纽尔的办公室。这可吓坏了诺贝尔一家人，连忙将他送到圣彼得堡的医院。卡罗琳在知道这个消息后，更是泣不成声地从家里跑到医院。

值得庆幸的是，化学药品对他造成的伤害只是轻微的，他只是有些劳累过度，需要适当地休息和疗养。从医院出来后，卡罗琳坚决要求诺贝尔离开俄国——她希望诺贝尔回瑞典好好休息一段时间，因为那里的空气和环境都比俄国要好得多。最初，诺贝尔不肯离开，后来禁不住两个哥哥善意的劝说，这才返回他阔别已久的瑞典。

在瑞典，诺贝尔的外公热情地招待了自己的小外孙，他已经很多年没有见过诺贝尔了。祖孙两人见面，显得格外亲近，仿佛有说不完的话。诺贝尔的舅舅也格外热心，从收到诺贝尔要回来的消息开始，他就忙里忙外地做着准备，生怕照顾不周。亲人带来的温暖，让诺贝尔疲惫的身体一下子轻松了起来。

最让诺贝尔感到惬意的还是斯德哥尔摩新鲜的空气和瑰丽的风光，虽然他的童年有很长一段时间是在这里度过的，但是这些记忆都离他过于遥远了。与工厂林立、空气污浊的圣彼得堡相比，诺贝尔认为这里简直就是天堂，他认为一直待在这里也是不错的选择。

没过多久，诺贝尔就康复了。此时，他已经忘记了斯德哥尔摩给自己带来的困扰，想的更多的是工厂里的事情，他可不想父亲也像自己这样过度劳累。外婆和舅舅尽力挽留了他多待一段时间，但是大家都拗不过去意已决的诺贝尔，也只好随他去了。外婆在临走时，还千叮咛万嘱咐地要诺贝尔去一趟德国，因为那里的温泉对治愈他身上的疾病有非常好的效果。

诺贝尔听从了他们的建议，在返回俄国之前又来到了德国。对于德国，诺贝尔并不陌生，这里的温泉是出了名的。他想在这里疗养一番，然后彻底根除自己身上的毛病。另外，还有一个重要原因，那就是他想借机看看在这几年时间里德国工业的发展方向和趋势，以便回到俄国后对工厂的技术进行革新。

在德国，诺贝尔并没有停留太长的时间，因为他从不同渠道得到的消息显示，俄国人和英、法两国已经彻底翻脸了，战争迫在眉睫。一旦双方挑起战端，父亲的工厂恐怕就要忙不过来了，他要尽早回到父亲身边，帮他们分担一些压力。

Chapter 3

ALFRED
NOBEL

第三章　奋斗之路

1. 又一次破产

沙皇尼古拉一直以来都对土耳其地区垂涎三尺，早在1828年他就发动了一场为时一年的侵略战争，夺取了多瑙河口和附近岛屿及高加索的大片土地。但是，他抢夺更多资源的欲望从来就没有消失过，他的眼珠始终紧紧地盯着克里米亚地区，等待着时机的到来。

19世纪50年代，土耳其素丹阿普杜勒一世为了满足自己没有止境的欲望，开始将土耳其的港口、铁路、矿产卖给外国人，从而获得列强们在财政上的支持。阿普杜勒一世的行为让尼古拉大喜过望，于是向他提供了大量的经济支持，从而换来了在土耳其国内的诸多特权，这一行为引起了土耳其民众的强烈反对。

当时，"世界工厂"英国正忙着积极地在世界范围内扩张自己的领土，连接英国本土和地中海的通道可以说是英国人的命脉，他们不能眼睁睁地看着这一海上枢纽被俄国人控制；另外，英国也不想将家门口的肥肉拱手让给俄国人。于是，英国人开始积极地支持土耳其境内的反俄势力，英、俄两国陷入了敌对状态。

1853年7月3日，为了在争夺巴尔干半岛的过程中抢占先机，俄国人率先将自己的军队开入多瑙河地区。奥斯曼土耳其帝国在领土受到严重威胁后，不得不向俄国人宣战。随后，英、法两国以主持正义的角色开始加入战团之中。俄国人单兵作战，在武器工业方面又远不及英法两国，所以战争并没有持续太久，最终在1856年，以俄国人战败、狼狈地离开这片土地而告终。

在克里米亚战争结束之前，尼古拉就已经气绝身亡了，他的儿子尼古拉二世在乱世中继承了王位。为了保住自己的皇位，尼古拉二世采用了妥协的战术，与欧洲各国签订了《巴黎和约》，意图息事宁人。

战争结束的消息传来后，诺贝尔一家终于喘了一口气，他们已经十分疲惫了。在过去几年时间里，为了满足俄国军方的需求，工厂的一千多人从来就没有真正地休息过，如今战争结束了，他们终于可以好好地利用这段时间休息一下了。

就在全家人放松下来的时候，伊曼纽尔却从俄国政府那里获知一个糟糕透顶的消息，尼古拉二世似乎无意偿还在战争期间欠下工厂的费用，因为他要着手一场从上到下的变革。

克里米亚战争让尼古拉二世意识到，俄国与欧洲国家存在着巨大的差距，这种差距不仅仅存在于政治形态上，还在于工业制造上。因此，他决定进行一场彻头彻尾的变革，首先是政治改革——他释放了庄园中的大批农奴；接着又对行政机构、司法和教育制度进行彻底检查，连军队都没有幸免于难。

至于工业变革则更加彻底。尼古拉二世认为，长久以来，俄国的工业产品都远远落后于欧洲各国，这让他们的武器装备在战争中处于明显的劣势。因此，他决定向欧洲的工业强国购买工业设备和武器，取消与国内企业的合同，并终止一切订单。

消息很快就得到了证实，军事局一些与诺贝尔家联系密切的军官告知伊曼纽尔军方的订单取消了，而且一些正在生产和已经生产出来的军用品也被全部退了回来，这意味着伊曼纽尔倾家荡产构建起来的生产线变得毫无价值，而且他还无法从俄政府那里得到半点赔偿，也就是说——伊曼纽尔又一次破产了。

倔强的伊曼纽尔认为沙皇的决定是错误的，于是他多次申请，要求政府补偿他的损失。但是，那些帮伊曼纽尔传信的人不是傻瓜，他们可不想为这个落魄商人异想天开的想法买单。于是，伊曼纽尔的申请也石沉大海，再也没有了音信。

诺贝尔一家彻底破产了，他们变卖了家中所有的东西和工厂里所有的机器，但是依然无法偿还欠银行的大笔资金。整个工厂被迫停产，数千名工人和职员拿着微薄的薪水离开工厂，而行政部门则勉强维持了下来，因为伊曼纽尔和三个儿子正在想方设法逃过这场劫难。

诺贝尔曾经在欧洲各国游历过，并且懂得多个国家的语言，工厂陷入困境后，他先后多次到德、英、法各国寻求贷款，但是那些一直以来与他们保持良好联系的财阀们却开始对他们避而不见，而债主们却不知为何总是能出现在他眼前。

心灰意冷的伊曼纽尔在短短一个月的时间里变得苍老了许多，这次破产与第一次破产不同，那时自己还年轻，浑身有使不完的力气，脑袋里有各种各样的创意和想法，只要肯下功夫，它们就会为自己带来财富；可是现在与当初已经无法相提并论了，他感觉自己的精力越来越有限，有时候连一些简单的化学实验都不能独自完成了。

就在诺贝尔一家充满悲观情绪的时候，又一场火灾从天而降，这次不是烧了住宅，而是将"诺贝尔父子机械铸造厂"烧成了一堆灰烬。诺贝尔一家似乎从来都与火有着不解之缘，尤其是在他们倒霉的时候，火灾总是会如约而至，这让他们变得更加窘迫。

这次火灾之后，伊曼纽尔彻底失去了信心，他决定离开俄国——这个令他伤心的地方。为此，他还将自己的遭遇写信告诉了阿尔塞尔一家，让他们对自己的处境有所了解。阿尔塞尔对伊曼纽尔抱以极大的同情，同时他也给伊曼纽尔回信，要他回瑞典修养一段时间，其他的事情可以从长计议。

卡罗琳知道这件事情后说不出的高兴，虽然他们再次破产，但是如果能够回到阔别多年的瑞典，回到自己父母和兄弟姐妹的身边，那也实在是一件

值得庆贺的事情。所以，在接到家人的来信后，卡罗琳就开始积极地筹备回家事宜了。

1959年，伊曼纽尔和卡罗琳带着小埃米尔回到了瑞典。在离开之前，为了尽可能地挽回一些危局，伊曼纽尔将熟悉工厂业务的三个儿子留在了圣彼得堡，希望他们三个人能够在危局之中重新树立诺贝尔家族的信用和辉煌。

最初几年，罗伯特和路德维希致力于工厂的管理和财务方面的工作，而诺贝尔则更多地沉浸在机械设计和化学实验上。这些工作在过去正是诺贝尔负责的项目，但是由于生病和为工厂奔波而停止了下来，在这个时候，他又重新将它们拾了起来。

1857年，诺贝尔申请了气体计量仪的专利。在这个基础上，诺贝尔通过反复的实验和测量，于1859年先后发明出了液体计量仪以及改进型气压计或流体压力计，这些发明虽然没有什么重大的应用价值，但却是诺贝尔走上发明家道路的里程碑式的标志。

在这段时问里，诺贝尔除了醉心于各种机械发明和化学实验外，还对外国文学投入了极大的热情，他阅读了大量的外文书籍并开始进行创作。1861年和1862年，他先后写下了《在最明亮的非洲》和《姊妹们》。

在维持了一段时间后，"诺贝尔父子机械铸造厂"依然没有起色，而大哥罗伯特却发现了一种很适合做陶器的土，并离开"铸造厂"开办了一个小型的陶器制造厂。后来，在朋友的帮助下，罗伯特又买了一个小型的旧帆船，兄弟三人通过一番努力后，将它改成了一艘还算不错的游览船，在芬兰湾地区招揽一些游客。在此期间，罗伯特认识了一名芬兰姑娘，并娶她为妻，就此离开了俄国。

罗伯特离开后，俄国法庭做出判决：要路德维希代替伊曼纽尔偿还债务。这个一直以来都沉溺于机械设计的年轻人没有抱怨，他将这个沉重的担子扛在了肩上。这项任务路德维希完成得非常不错，很多债主都对他处理事情的方式感到满意，有些债主甚至和路德维希成了非常好的朋友。在他们的帮助下，路德维希还得到几份报酬很高的工作，足以让他租下一个小小的工厂来维持生计。

托特勒本是陆军工程署的监督长，在他还是将军的时候就与伊曼纽尔一家保持着非常友好的关系。听说路德维希在圣彼得堡新开了一家小工厂，托特勒本马上伸出了友谊之手，他向路德维希的工厂提供了大量的订货单，购置了很多小型的武器及地雷。

靠着托特勒本提供的订单，路德维希的工厂很快就开始盈利了。吃了一次大亏的路德维希不敢把所有的赌注压在政府身上，他组织员工生产工业企业广泛应用的各种机床，从而打开了政府部门以外的市场。路德维希的工厂打开场面之后，诺贝尔则停留在哥哥的工厂里，帮助他进行一些技术方面的革新。

这一次破产对于诺贝尔家族来说并不是灭顶之灾，从某种意义上来说还是这个家族的一次机会。罗伯特、路德维希、诺贝尔兄弟三人开始各自走上了奋斗之路，而他们的潜力要远远超出他们的父亲伊曼纽尔，而诺贝尔更是摆脱了父亲的阴影，走上了一条阳光大道。

2. 硝化甘油

　　19世纪50年代末60年代初，蒸汽机的发明使欧洲工业处于高速发展之中，但是人们在欣喜之余很快就遇到了发展的瓶颈，那就是工业发展所需要的燃料和原料远远不能满足工业发展的需求，煤炭和矿石的短缺现象几乎随处可见。

　　交通运输业同样无法满足工业发展的需求，隧道建设、河道疏通的速度相对缓慢，因为人们仍然在使用由硝石、硫磺和木炭组成的黑色炸药来爆破那些坚硬无比的岩石。它的缺点是显而易见的——不仅威力小，而且十分不易点燃。为了适应工业革命后的生产需求，人们迫切地希望寻找一些威力更大的炸药来代替黑色炸药。

　　回到瑞典的伊曼纽尔在休息了一段时间后，开始重新激情百倍地投入到了新的发明创造中。他有一个伟大的想法，那就是生产一种可以在水中前行并任意改变方向的水雷，为此还不惜找来一些海豹训练，试图用海豹做水雷前进的推动力。

　　后来伊曼纽尔的这一想法遭到了三个儿子的强烈反对，他们认为父亲的想法实在是太荒诞了，简直有些不可理喻。每一个天才都会被人们误解，伊曼纽尔虽然最终没有研发出这种新的产品，但还是为后来鱼雷的发明创造提供了一种思路。

海豹实验失败后不久，伊曼纽尔又开始接触一种新的实验，他将一些普通的黑色炸药和硝化甘油混合在一起，制造出了一种新型的炸药——这种炸药所具备的威力是黑色炸药的二十倍。不过这一次，伊曼纽尔没有将这个消息告诉自己的孩子们，他希望自己一个人将这件事情搞定。这件事情的败露源于罗伯特的一次探亲。

"诺贝尔父子铸造厂"倒闭后，伊曼纽尔的生活费大多来源于罗伯特和路德维希，为了不让父亲陷入到破产的绝望之中，罗伯特时不时地会从芬兰赶回瑞典看望双亲。值得一提的是，罗伯特已经成为了一名成功的商人。

到芬兰后，罗伯特靠经营煤油灯为生。一次，他从布鲁塞尔定制的12桶轻油，但由于油质过于粗糙而无法点燃煤油灯。如果不想办法解决这个问题，他就将面临破产。

在万般无奈的情况下，罗伯特不得不将这些轻油运至赫尔辛基的一家工厂，对它们加以提纯。庆幸的是，他的努力得到了回报，这些轻油经过提炼后变得比煤油更加好用。

这件事让罗伯特因祸得福，他将自己的提纯技术广泛地应用到石油生产中，从而推动了世界上最伟大的工业发展。而这项技术不论是在战争年代还是在和平年代，都有着巨大的、不可替代的作用。

1862年，罗伯特回到瑞典，将自己的发现与父亲共享。可是，他还没来得及将这一切说出口，就被父亲的疯狂举动所震撼：他简直不敢相信，自己的父亲竟然整日与硝化甘油打交道，并且还为之津津乐道。在多次劝说无果后，罗伯特将这件事告诉了自己的两个弟弟。

诺贝尔在知道这件事后十分愤怒，他认为父亲简直就是在拿自己的生命开玩笑，因为与别人相比，诺贝尔更了解硝化甘油的可怕性：1847年，意大利化学家阿斯卡尼奥·索布雷罗在自己的实验室里成功地发明了硝化甘油，但是他也为此付出了惨痛的代价——他的实验室在那次实验中被全部炸毁，而他的脸也被炸成了重伤。

1855年，克里米亚战争期间，诺贝尔的老师——著名的化学家尼古拉·津宁博士曾经携带着一小瓶硝化甘油拜访过他。那是诺贝尔第一次目睹硝化甘油的威力，当时津宁博士用火柴点燃了铁板上的一小滴硝化甘油，结果整个铁板都燃烧了起来，幸好他们早有准备，才没有造成恶果。

得知父亲在做硝化甘油的实验后，诺贝尔立即给父亲发去信件，要求他停止这项危险的实验，避免造成不必要的伤亡。伊曼纽尔也不得不开始正视安全方面的问题，虽然他取得的成绩是巨大的，但是却也存在着很多不稳定因素，比如说这些炸弹总是会在不经意间自动爆炸，而自己根本无法对它们进行控制。

伊曼纽尔不忍心就此放弃，他给诺贝尔回了一封信，希望儿子能够帮助自己将实验继续下去，因为他知道，诺贝尔在炸药研究方面所蕴藏的天赋是令人赞叹的。他在信中一再向诺贝尔强调，如果能够控制硝化甘油的引爆，将意味着诺贝尔家族的重新崛起。

看了父亲的来信，诺贝尔沉吟了很久。从内心深处来说，他对父亲所做的一切十分钦佩——他已经60多岁了，但是从来没有忘记家族的责任，一直都在尝试着东山再起，这种敢作敢为的精神是值得自己学习的。

为了帮助父亲实现愿望，诺贝尔丢下了所有的工作，全身心地投入到硝化甘油的实验之中。在接下来的几个星期里，诺贝尔始终待在实验室里闭门不出，按照不同的比例和方法将硝化甘油和黑火药进行匹配，他相信自己一定能够解决硝化甘油的安全问题。

1862年5月，诺贝尔向赶到圣彼得堡的罗伯特展示了自己的实验产品，他将硝化甘油倒进一个小玻璃瓶中，然后再把这个小玻璃瓶塞入一只装有黑色炸药的金属管中，然后用一根引信连接黑色火药，最后将金属管两端封死。

为了检验这种产品的爆破威力，兄弟三人来到路德维希工厂附近的一条沟渠里。诺贝尔点燃引信后迅速将它扔进河水中，随着一声巨响，水面上掀起一个巨大的水花。罗伯特看到后，连连向诺贝尔竖起大拇指——在他看来，弟弟的实验显然比父亲的更成功。

1863年，在得知诺贝尔的实验初获成效后，伊曼纽尔连连发来几封书信，要诺贝尔回瑞典协助自己完善硝化甘油的安全性。在父亲的再三催促下，诺贝尔离开了路德维希的工厂，返回瑞典。

与之前在圣彼得堡的奢华生活相比，瑞典的生活平淡了很多。伊曼纽尔夫妇租住在一栋普通的平房里，虽然屋内没有豪华的家具，但他们还是十分喜欢这里新鲜的空气和干净的街道，卡罗琳虽然没有了贵妇人的气息，身体却比在圣彼得堡时硬朗了很多。

诺贝尔的归来让伊曼纽尔夫妇十分开心。可是这种和谐的氛围并没有持续太久，父子两人兴高采烈地进入实验室后，却因为理念不同而发生了很大的争执，两人都认为自己的配方更加合理，却谁也说服不了谁。

与诺贝尔相比，伊曼纽尔的实验品保守了很多，他依然以黑色火药为主要成分，在黑色火药中混入少量的硝化甘油辅助引爆，与纯黑色火药相比威力确实提高了一些，但是由于硝化甘油与黑色火药混合在一起，所以非常容易爆炸。

诺贝尔的设计思路则与父亲截然相反，诺贝尔认为应该用硝化甘油做爆炸主体，黑火药则主要用来辅助引爆，这样研制出的炸药威力将会变得非常大。

父子两人虽然时常争吵，但是他们还是为彼此之间的配合而乐此不疲。伊曼纽尔开始慢慢地转变自己的思路，他明白自己的思想已经被儿子远远地甩在后面了，与其在儿子面前指手画脚，不如索性给儿子当一回助手。

最开始的几次试验都取得了非常不错的效果，这时伊曼纽尔向诺贝尔透露自己有几个更好的配方，那就是用酸性氯酸盐粉末来代替硝化甘油。

当时，为了得到俄国军方的认可，诺贝尔没有在瑞典多做停留。很快，他就携带着自己的产品和父亲的配方回到了圣彼得堡。

经过几次反复试验后，诺贝尔和路德维希一致认为父亲的配方效果并不理想，他们决定向托特勒本将军介绍诺贝尔的产品。可就在这个时候，伊曼纽尔发来了一封快信，要求诺贝尔无论如何尽快回到瑞典。这次瑞典之行，为诺贝尔璀璨的炸药人生拉开了序幕。

3. 初露锋芒

回到斯德哥尔摩之后，诺贝尔才知道父亲急急忙忙地把自己找回来的原因：原来，伊曼纽尔从瑞典军方得到了6000克朗的赞助，要求他们为政府下属的一个委员会进行一次表演，展示他们在炸药领域所取得的成就。

实验于1863年秋天在卡尔堡进行。伊曼纽尔向政府展示了自己的混合炸药，这些炸药被安装在枪弹上，演习开始后稀稀拉拉的枪声过后，伊曼纽尔所鼓吹的神奇子弹并没有展现出应有的神奇，但是总体来说还算差强人意。

但是，在接下来的炮弹演示中，伊曼纽尔的混合型炸药却着实让他丢尽了面子，因为炮弹在投掷出去后很长一段时间都没有发出爆炸的轰鸣声。委员会的官员们看看地上躺着的哑弹，沉默着摇了摇头。

还好诺贝尔有所准备，他向人们展示了自己的产品。当诺贝尔将自己手中的炸药扔出去后，试验地响起了震耳欲聋的爆炸声，远处沙土飞扬，委员会的官员们大吃一惊，他们刚刚还无比轻蔑的表情转眼间变成了恐惧。虽然他们认为这个炸弹正是他们所渴望得到的，但是权衡再三之后，他们还是认为它过于危险。

卡尔堡演习结束后，诺贝尔没有返回俄国，他开始潜心研究硝化甘油和黑火药之间的正确配比，他要让自己的产品更加稳定。诺贝尔在实验中花费了很多的时间和巨大的精力，却一直没有进展。这让远在芬兰的罗伯特很是着急，他给诺贝尔写信说：

> 这些实验是毫无意义的，你已经取得了成功，如果你执意继续下去，恐怕最后等待你的只能是失望。你有着渊博的知识和非同一般的才华，如果你能够将它们应用到更严肃、更现实的领域中，我想你早已经不是现在的诺贝尔了。

对于罗伯特的来信，诺贝尔没有在意，他知道哥哥说的话有一定的道理，但他还是更愿意在自己热爱的这条道路上走下去。

由于在芬兰的生意不是很景气，罗伯特回到瑞典寻找商机。为了向大家证明自己的产品正在走向成熟，诺贝尔邀请罗伯特和伊曼纽尔与自己一起进行实验。在实验的最后一个环节中，诺贝尔将手中的炸药引燃后向远方扔去，但是很久之后这颗炸弹依然没有爆炸的动向，在一旁观看的罗伯特和伊曼纽尔不禁哑然失笑。

诺贝尔没有理会罗伯特和伊曼纽尔的嘲笑，科学实验的任何一个环节都是需要万分谨慎的,他不明白究竟哪里出了问题。同样的炸药为什么在水里就能成功爆破,而在陆地上却成了哑弹呢?诺贝尔决定找到其中的原因。

经过反复的思索后,诺贝尔认为金属管内的黑火药密封状况不理想,导致了内部盛放硝化甘油的玻璃瓶没有破裂,从而造成炸弹无法顺利爆炸。在弄明白问题的症结后,诺贝尔决定对炸药进行革新。那段时间,诺贝尔简直将实验室当成了自己的家,饮食起居都待在那里,片刻也不肯离开。

然而,风险和成功是并存的,诺贝尔在实验室待了若干天之后,他那小小的实验室里传出来一声巨响。这声巨响如同天崩地裂一般惊动了斯德哥尔摩市区的人们,他们纷纷来到诺贝尔的实验室前,只见这里浓烟滚滚、火光冲天,根本找不到诺贝尔的踪影。

很多人站在一边伤心地说道:"可怜的诺贝尔这下可完了!"更多的人则在废墟上大声地呼喊着诺贝尔的名字。就在这个时候,诺贝尔从一堆瓦砾中爬了出来,他身上鲜血淋漓,脸上的泪水和血水混在了一起,他热泪盈眶地对所有人喊道:"我终于成功了!"

随着这一声巨响,"诺贝尔炸药"诞生了。1863年10月14日,瑞典当局向诺贝尔颁发了硝化甘油炸药制品的专利证书。在之后的几个月里,诺贝尔又先后在法国、英国、比利时获得了该产品的专利权。

诺贝尔还将"诺贝尔炸药"的使用权限交给了罗伯特,这样芬兰地区使用"诺贝尔炸药"的收益就完全归罗伯特所有——这样做的目的是希望能够帮助罗伯特扭转他在芬兰生意场上的颓败局面，而他自己只保留了芬兰颁发的专利证书。

在"诺贝尔炸药"发明创造出来后，诺贝尔开始思索一个问题，他发现自己一直以来试图解决的问题背后实际上有一条普遍的原理存在，那就是一种易爆物总是能够引起另一种易爆物发生连环爆炸，而"诺贝尔炸药"的本质实际上就是黑火药引发硝化甘油爆炸的过程。这个原理被诺贝尔称之为"引爆原理"。

"引爆原理"的发现是诺贝尔给人类社会发展留下的巨大礼物。直到20世纪，一些伟大的科学家仍然认为诺贝尔的这个发现是人类爆破史上最伟大的成就。《帝国化学工业公司诺贝尔部研究史》中曾有这样一段记载：

> 通过对起爆冲击波性质的研究，我们清楚地认识到，运用雷管作为炸药的引爆装置，这在炸药的理论和实践方面，显然是一项前所未有的最伟大的发现。而且整个现代爆破实践，都是建立在这种基础之上的。

"引爆原理"的提出在诺贝尔的家庭中还引发了一场争执。伊曼纽尔认为这个原理的提出有着重大意义，自己一生都在为实现这个伟大的目标而忙碌，它不但可以让全世界受益，也可以让诺贝尔家族重新振兴。然而，现在这一切都实现了，可是提出这个概念的却不是自己，而是自己的儿子。伊曼纽尔像孩子一般觉得委屈，他认为诺贝尔窃取了他的劳动成果，每当他想到自己在实验室里付出的种种辛劳时，他就会觉得自己遭遇了不公正的待遇，所以他决定不再沉默了。

一天夜里，诺贝尔一家人坐在一起吃饭，伊曼纽尔铁青着脸一句话也不说。当卡罗琳小心翼翼地询问伊曼纽尔发生了什么时，伊曼纽尔爆发了，他大骂诺贝尔是一个善于偷窃的小偷，他将自己以及前人的劳动成果据为己有。诺贝尔不知道发生了什么，他站在那里一句话也没有说，这反而招致了伊曼纽尔更大的怒火。

晚饭早早地结束了，卡罗琳将自己的丈夫轻轻地搀回寝室，她了解自己的丈夫，在过去几十年的时间里，他一直都在追求着成功和荣誉，他偏执的性格让他很少承认失败，哪怕是败给了自己的儿子。

卡罗琳试图告诉自己的丈夫，他是一位伟大的父亲，他脑海中的伟大创意总是在引领着孩子们走在正确的道路上，并且帮助孩子们将这些创意一一实现。所以，他们才能拥有这样一个伟大的儿子，他们应该给这个年轻人更多的支持和鼓励——它们是一笔比金钱更伟大的财富。

诺贝尔并没有在这件事上纠缠，出于对父亲的尊敬，他还是以书面形式向父亲写了一封道歉信，将错误包揽到自己身上，并详细地向父亲介绍了"引爆原理"的研究过程。这封信在一定程度上缓解了伊曼纽尔的怒气，但是天性倔强的伊曼纽尔还是在很长一段时间里没有理睬诺贝尔。

这一切都只是一个小小的插曲，对于诺贝尔来说，家庭内部的小矛盾并不能掩盖他所取得的巨大成就。"诺贝尔炸药"的发明和"引爆原理"的发现让他成为了当时最炙手可热的炸药专家，而这不过是他第一次崭露头角、初露锋芒而已。

4. 埃米尔之死

在取得"诺贝尔炸药"的专利权后，诺贝尔面临着一个非常现实的问题，那就是他根本没有经济实力购买大量的硝化甘油进行实验，如果想在炸药研发上走得更远一些，他需要有自己的硝化甘油生产工厂。

为了尽快建立自己的硝化甘油工厂，诺贝尔跑到巴黎寻求贷款，他找到了佩雷拉银行。佩雷拉银行在法国有着非凡的影响力：拿破仑三世当时正在修建一条连接地中海与红海的苏伊士运河，这个工程耗资巨大，而佩雷拉银行则向拿破仑三世提供了大量的资金。

在得知诺贝尔需要帮助后，佩雷拉银行毫不犹豫地向他提供了资金支持，因为他们知道诺贝尔从事的是一项伟大的工作，一旦获得成功，法国政府在苏伊士运河的建设中将获得极大的便利。

有了这笔贷款之后，诺贝尔在距离父母不远的地方购置了一栋房屋，而且还聘请了一名在当地颇有些名望的化学工程师——卡尔·埃里克·赫茨堡。为了尽可能地投入到化学实验中，诺贝尔还雇用了一名为自己和赫茨堡打杂的工作人员及一名女佣。工厂的规模极小，但是所提炼出的硝化甘油已经足够诺贝尔实验用了。

诺贝尔的小工厂建起来不久，迎来了一个非常优秀的兼职人员，他就是诺贝尔的弟弟埃米尔。如今的埃米尔已经不再是当初那个追在诺贝尔屁股后面的小弟弟了，他已经变成了一个帅气的小伙子，尽管有时候依然会保持着纯真的腼腆。

和诺贝尔家族的其他人一样，埃米尔在化学和物理学上也表现出了十分惊人的天赋，他虽然很少说话，但是在父亲长久以来的教导下，他早已经成为化学方面的全才。尤其是进入乌普萨拉大学后，埃米尔成为这个家庭中唯一接受过高等教育的人，伊曼纽尔有时候甚至认为，埃米尔将会取得比诺贝尔更卓越的成绩。

埃米尔也确实具备这样的潜力，诺贝尔在研制"诺贝尔炸药"时，埃米尔曾经帮助他解决过一些技术性的难题。比如：埃米尔通过自己的实验发现，颗粒状炸药被硝化甘油渗透后会产生更强的爆炸力，这对"诺贝尔炸药"的发明起到了非常重要的作用。

对于自己的这个弟弟，诺贝尔比别人更多了一份关切。弟弟还小的时候，诺贝尔就在他身边无微不至地照顾他。埃米尔长大一些后，诺贝尔又负责教他一些简单的知识。而埃米尔则将诺贝尔视为自己人生最重要的引导者，他对诺贝尔几乎没有秘密，他愿意将自己的一切拿出来与诺贝尔分享。

诺贝尔在研制新炸药期间，父亲和哥哥都曾经冷嘲热讽地要求他停止实验，只有埃米尔始终站在诺贝尔这一边。他经常利用课余的闲暇时间帮助诺贝尔进行实验，他总是试图向别人证明诺贝尔是正确的。

1864年暑假,埃米尔离开乌普萨拉大学回到家中。那段时间,埃米尔没事就往诺贝尔的实验室里跑,他希望在这里做一些力所能及的事情。而诺贝尔也并不介意,他十分欢迎埃米尔的到来。而且,他总是竭尽所能地将自己所知道的一切告诉埃米尔,希望弟弟能够拥有更多的操作经验。

在诺贝尔的小工厂里,埃米尔俨然是一个优秀的助手。每次,他都能小心翼翼地和诺贝尔合作生产出少量的硝化甘油,虽然主要程序大多数时候都是由诺贝尔亲自完成的,但是埃米尔早已对这一切烂熟于心。

9月3日那一天,诺贝尔接到约翰·史密特先生邀请,去城里商量一桩关于火药的生意——史密特先生是瑞典家喻户晓的大富翁,如果能够从他那里得到一笔订单,对于诺贝尔工厂的发展会有大大的益处。

诺贝尔离开工厂时,为了以防万一,再三叮嘱埃米尔在实验时要加倍小心,他还告诫埃米尔只能做赫茨堡的助手,其他一切事情均不要插手。埃米尔觉得哥哥像个老太太一样絮叨,将哥哥从屋里推了出去。他根本不需要哥哥的叮嘱,他明白自己只需要将甘油净化掉就可以了,这个程序他每天都要做很多次。

见弟弟胸有成竹的样子,诺贝尔也就放心了,离开房间的时候,他甚至自嘲起来,认为自己有些多虑了。在诺贝尔看来,埃米尔要比自己想象中的更加可靠——虽然只有21岁,但是与同龄人比起来,他要沉稳得多。对于常年待在实验室里的人来说,硝化甘油并没有人们传说的那么可怕,更多的时候它只是一种普通的易燃物罢了，操作不慎可能会引起一场大火，但是不至于引起大规模的爆炸。想到这里，诺贝尔也就放心地离开了。

诺贝尔离开后，埃米尔与赫茨堡没有偷懒，他们早早地就开始了自己的工作。对于自己要做的事情，埃米尔熟悉得不能再熟悉了：将四五克硝酸和双倍的硫酸混合在一起，等溶液冷却后再摄取两三克的甘油一滴一滴小心地加进去——这一切看上去并没有多么复杂。

悲剧的来临总是没有任何预兆，它会猝不及防地袭击那些处于平淡生活中的人们。当诺贝尔和伊曼纽尔高高兴兴地与史密特先生签署协议的时候，斯德哥尔摩的郊外传来了噩耗——诺贝尔的工厂爆炸了。

当诺贝尔和伊曼纽尔疯了一般赶回工厂时，大火已经被赶来的邻居们扑灭了。五具面目全非的尸体躺在了废墟之中——埃米尔、赫茨堡、杂工、女仆一个都没能逃脱，一个不幸的路人也在这次事故中被炸死了。

目睹了现场的惨状后，诺贝尔悲恸欲绝，他的一切努力都付诸东流了，更让人感到伤心的是，他还失去了自己的弟弟和要好的朋友。但是，诺贝尔没有被伤痛冲昏头脑，他强打起精神将失魂落魄的父亲送回家。

回到家后，伊曼纽尔呆呆地坐在那里一句话也不肯说，他目光呆滞地看着窗外。卡罗琳则在一旁低声地哭泣着，一直以来她都努力地让自己变得坚强，但是这一次她无论如何都无法坚强下去了。

Chapter 3　第三章　奋斗之路

默默地拥抱了父母后，诺贝尔擦干泪水赶到爆炸地点——他要弄明白究竟是哪个环节出了错误，以至于酿成了如此巨大的惨剧。经过仔细的推测和研究后，诺贝尔找到了问题的症结所在，那就是埃米尔他们在实验的过程中忘记了观察温度计。

　　诺贝尔的调查结果得到了伊曼纽尔的认可，在警方来调查事故结果时，伊曼纽尔对警察说："诺贝尔与这次事故没有任何关系，事故产生的唯一合理解释是我的儿子埃米尔在生产过程中忘记了观察温度计。"

　　生平遭遇过无数次挫折的伊曼纽尔最终还是被这次事故击垮了。他经历了两次破产，但是他每一次都能乐观、积极地去面对困难的生活，即使诺贝尔取得了比他更多的成绩，他也能够依旧精力旺盛地投入到新的工作中，但是老年丧子的悲痛让他再也无法重新振作起来了。

　　悲恸欲绝的卡罗琳几乎想尽了一切办法来宽慰伊曼纽尔，但是她所做的一切都是徒劳的，这次事故像一记重拳狠狠地砸在了伊曼纽尔的心窝上。一个月之后，伊曼纽尔便得了中风卧床不起，这场疾病困扰了他8年的时间。

　　在卧床的几年时间里，伊曼纽尔向人们展示了他惊人的想象力。他用几年时间编写了三本富有精美插图的著作——《我国道路的经济防御（地雷）》、《群岛的经济防御（水雷）》、《对本国国防的建议（1871年元旦给瑞典人民的献礼）》，这三本书是他送给祖国海战防御体系的最好礼物。

　　伊曼纽尔还大胆地预言了废弃木料通过蒸汽压集起来的

方法，将会受到全世界工业的重视。他的这一设想在100多年后的今天得到了实现，三合板成为了人们日常生活中不可缺少的组成部分。伊曼纽尔还有很多超前的预言和设计，在此就不一一赘述了。

　　失去弟弟的诺贝尔在经历了短暂的悲痛后，重新振作了起来，他没有被凶险的硝化甘油征服，反而暗下决心要彻底征服硝化甘油，让它真正地造福人类，给高速发展的工业社会带来福音。

chapter 4

ALFRED
NOBEL

第四章 事业起步

1. 第一家工厂

爆炸事件的发生，引起了诺贝尔家住所附近居民的不满。他们终日惶惶不安，生怕下一个倒霉的就是自己。一时间满城风言风语，人们说诺贝尔是魔头，要求政府把这个魔头赶走。在强大的舆论压力下，政府不得不出面对诺贝尔的实验和工作进行干涉，他们专门立法禁止在城市内的任何地方生产硝化甘油。

此时的诺贝尔再次债台高筑，佩雷拉银行的巨额贷款像座大山一样压得他喘不过气来。大哥罗伯特再次给他寄来信件，要求他远离这个令人厌恶和恐惧的发明，这个家庭已经遭受了太多的灾祸，他希望自己的家人能够平平安安地生活在一起，而不想弟弟终日与魔鬼打交道。

这个时候，诺贝尔从父亲那里获得了力量。父亲在中风后一直偏瘫在床，但是他仍然在坚持着将自己脑海中想到的那些事物设计出来，有些东西看上去简直是天方夜谭，可是他却从来没有放弃过。诺贝尔觉得自己应该向父亲学习，鼓起勇气将这件事情做下去。

爆炸事件虽然引起了民众的恐慌，但是有一个部门却对诺贝尔的炸药产生了浓厚的兴趣，那就是瑞典国家铁路建设局。黑色火药在铁路建设中的劣势让人深恶痛绝，铁路建设者们迫切地需要一些威力强大的爆破物来施工。所以，诺贝尔的工厂爆炸后，瑞典铁路建设局第一时间与诺贝尔取得了联系。

1864年10月，强忍着巨大的悲痛，诺贝尔来到瑞典铁路建设局的施工现场。他给在场的人们作了详细的示范，然后将"诺贝尔炸药"点燃。

爆破效果非常好，瑞典国家铁路建设局当即和诺贝尔签了供给合同。没多久，在斯德哥尔摩的隧道爆破工程中，"诺贝尔炸药"开始正式在工业生产中亮相。

在铁路建设中的良好表现，使得硝化甘油的声名大振，为了尽快地将它更加广泛地应用到工业生产中，瑞典当局批准了诺贝尔生产硝化甘油的申请。但是接下来，如何大规模生产"诺贝尔炸药"却成了一个问题。

就在诺贝尔愁眉不展的时候，姑母埃尔德夫人出现了：她再次找到约翰·史密特先生，让他重新对"诺贝尔炸药"进行一番评估。在此之前，诺贝尔曾经和史密特先生有过接触，爆炸事件发生的那一天，诺贝尔就坐在史密特先生对面与他签署合同，可是在爆炸事件发生后，这件事就不了了之了。

再次回到谈判桌上时，史密特先生还将自己生意上的合作伙伴卡尔·温纳斯特朗拉了进来。合作进行得十分顺利，史密特和温纳斯特朗先生愿意为诺贝尔提供12.5万克朗的资本，帮助他成立"硝化甘油股份有限公司"——其中固定资产10万克朗，流动资金2.5万克朗。

有了资金的注入，"硝化甘油股份有限公司"很快就成立了起来。诺贝尔与两位投资商约定公司的所得收益将转化为股份形式进行分红，全部股份为125股，史密特保留32股，温纳斯特朗31股，诺贝尔62股（其中的31股转赠给了病榻中的父亲）。

技术到位、资金到位，接下来要做的事情就是迅速投产。可是，厂址的选择上却让诺贝尔犯了难——政府已经三令五申地一再告诫他禁止在城市中建设工厂，如果他执意不听、顶风作案，必然不会有好结果。于是，诺贝尔只好把工厂的地址选在了梅拉伦湖上一艘破旧的驳船上。

为了让这艘驳船适合硝化甘油的生产，诺贝尔前前后后忙了一个多月，才总算有了些眉目：驳船上有了带棚盖的简易工作室，驾驶舱成了供诺贝尔工作的实验室，船板上则供工人们做一些简单的杂务。就这样，"硝化甘油股份有限公司"开始正式投产。

但是，普通的民众对这艘船仍然十分忌讳。他们认为，这艘船以及诺贝尔都是"瘟神"，所以多次提出抗议，最后甚至还要求政府亲自出面将这艘船驱逐到其他地方。诺贝尔也没有什么太多的办法，只能一次又一次地更换驳船的停靠点，可是不论换到什么地方，总是会有新的抗议者出现。

被逼无奈的诺贝尔，只好将自己的驳船驶向梅拉伦湖的中心，这样那些抗议的人群才消停了一些，使诺贝尔得以在简陋的工厂里开始生产。但是，这终究不是长久之计，因为冬天就要到了，寒冷的寒风会摇动驳船，在这种状态下工作非常容易发生意外，而且在诺贝尔看来，没有哪个工厂是可以在驳船上发展壮大的。

诺贝尔像旋转的陀螺一样繁忙，他除了工作外，还要四处寻找新的工厂地址。有的时候,他刚从驳船的驾驶舱出来,手里随便拿点干粮,便马不停蹄地四处奔波。工夫不负有心人,最后诺贝尔在温特维肯的荒郊找到了一个无人区。于是,世界上第一座硝化甘油工厂在这里诞生了。

1865年3月,经过一段时间的建设后,"硝化甘油股份有限公司"从驳船上迁到了温特维肯荒郊的无人区。在随后50多年的时间里,这个工厂一直持续不断地扩大,成为世界上最为重要的硝化甘油生产基地之一。

在工厂刚刚开始经营的那段时间,诺贝尔不仅是工厂的厂长,还是工厂的工程师、资方代理人——当然,这些都是说出去响当当的头衔;在更多的时候,他是推销员、出纳员、广告员。往往在和别人谈生意时,别人会说:"小伙子,把你们的老板找来吧,我们只和你们的老板谈。"然后,诺贝尔就会彬彬有礼地说:"先生,我就是老板。"

在很大程度上,诺贝尔继承了伊曼纽尔勤奋的细胞,他从来都不知道疲倦,刚刚从采石场的办公室里出来,就又向下一个道路施工地出发。诺贝尔不停地向人们展示他的炸药,不停地向人们表演爆破程序。有时候,实在忙得不可开交,诺贝尔就会向一些潜在的用户寄送使用说明书,向他们推销自己的炸药。

诺贝尔的勤奋很快为产品打开了市场,订单纷至沓来,工厂日夜生产都有些忙不过来。诺贝尔并不是钢筋铁骨,他知道自己这样耗下去终究不是办法,于是请来了自己儿时的伙伴——阿拉里克·利德贝克工程师。

利德贝克一家曾与诺贝尔一家打得火热,受诺贝尔家族的影响，利德贝克的父母送他去学习工程建设和机器制造专业。当诺贝尔邀请利德贝克到自己的公司为自己分担一些压力的时候，利德贝克毫不犹豫地答应了下来。在接下来几十年的时间里，诺贝尔和利德贝克成为最亲密的合作伙伴，他们的友谊使诺贝尔的工业帝国越来越大。

可就在诺贝尔踌躇志满的时候，一个新的问题出现了：温特维肯的荒郊十分偏僻，他的炸药如果是短途运输还问题不大；可在长途运输的过程中，由于路途遥远、道路崎岖不平，炸药时常发生爆炸。

为了防止炸药在运输途中发生爆炸，诺贝尔将它们装在了铁桶里，然后再加上密封的大玻璃瓶，最后再把玻璃瓶放入柳条编制的防护箱中。但是，由于运输人员没有经过系统的训练，并且对这种炸药的特性缺乏常识，伤亡情况依然没有减缓。

这种无谓的伤亡给诺贝尔带来了很大的困惑，一旦这些炸药无法顺利运输，那么公司的市场份额将会变得十分有限。为了打破这一局面，诺贝尔决定到国外去看一看，他想在国外开几家同样的工厂。

2. 遍地开花

温特维肯的工厂向全世界供应硝化甘油炸药是不切实际的，一是生产能力有限，二是运输途中充满了危险。可是，诺贝尔希望自己的产品能够给全世界都带来福音——他希望这些炸药能够减轻人们负担。可是，他想出来的各种运输方式都不能很好地解决问题，"硝化甘油股份有限公司"的发展遇到了瓶颈。

1865年3月，瑞典一个著名制造商温克勒主动联系诺贝尔，他希望诺贝尔能和自己去一趟德国，考察一下那里是否适合建设工厂。接到邀请后，诺贝尔没有耽搁，他简单地收拾了一下行囊就陪着温克勒来到德国。在这里，诺贝尔发现一个新兴的德国正在崛起，这里到处都是正在开采的矿藏、修建中的铁路和数不清的还未完成的土木工程。如果能在这里建造一座工厂，那实在是再好不过的事情了。

其实，温克勒早已发现"诺贝尔炸药"在德国有着极大的市场，他这次不过是受合伙人爱德华·本德曼律师的嘱托将诺贝尔请来一起商量在德国的办厂事宜。他们不需要诺贝尔承担相应的建厂费用，只需要他来德国帮他们建一家硝化甘油厂即可。诺贝尔和他所持有的专利权可以得到公司50%的股份。

听了温克勒和本德曼律师的想法后，诺贝尔十分开心——这正是自己求之不得的，而且这是一种崭新的扩展市场的思路。诺贝尔认为，自己有必要到欧洲的其他国家去申请专利权，然后在获得专利权后就地建厂，这样既能避免运输过程中的爆炸，又能大大地节约成本。

诺贝尔一向说干就干，可是瑞典的工厂却不放他走。瑞典方面认为硝化甘油是一种极端凶险的化学物质，诺贝尔

一走,其他人出点差错可怎么办?迫于无奈,诺贝尔只好将自己的哥哥罗伯特从芬兰请了回来,接替自己的工作。之所以让罗伯特代替自己,是因为罗伯特比路德维希更熟悉硝化甘油,他的知识和操作经验都让他足以胜任。

罗伯特在接到邀请后马上就回到瑞典。因为这几年他在芬兰的生意越来越不好做了,人们对煤油灯的渴求越来越少。虽然诺贝尔把芬兰地区的炸药专利赠送给了他,但是芬兰人似乎对这些东西没有丝毫的兴趣——在他们看来,炸药不过是威力更强的爆竹罢了。

罗伯特接手瑞典的工厂后,诺贝尔才得以安心地离开。在德国汉堡,开办分厂的计划提上日程。但是,汉堡地区的行政机关却做出了严格的审核制度。汉堡的行政官员要求诺贝尔将工厂设在克鲁姆尔地区,因为这里不仅人烟稀少,还紧靠易北河,一旦发生意外能迅速就近取水。

在选定工厂地址后,行政官员们还不厌其烦地来到施工现场。他们要求诺贝尔的工厂必须施行严格的预防措施,其中包括在厂房四周修建一堵高15英尺、宽20英尺的高墙,即便是沿河一面也一样不能缺少。官方给出的理由是，这些防范措施能够在重大事故中减少伤亡。诺贝尔没有提出丝毫异议，在安全保障方面他觉得花多少钱都值得（可让人遗憾的是，尽管万般小心，克鲁姆尔厂区最后还是难逃一劫）。

克鲁姆尔工厂开张时比瑞典的工厂气派得多，诺贝尔不仅拥有50多名雇员，还拥有各种各样的先进设备。除了这些，克鲁姆尔厂区还有着巨大的运输优势，"诺贝尔炸药"可以通过马车、铁路、船舶运输到德国的各个地区，这让诺贝尔感受到了工业强国的强大之处。

克鲁姆尔工厂建成后不久，德国各地的铁路、矿山开发等工程项目都成为"诺贝尔炸药"的受益者。一些德国的邻国也纷纷向克鲁姆尔工厂提交订单，克鲁姆尔工厂虽然几次扩大生产规模，但还是有些供不应求。这让诺贝尔开始考虑将工厂开到更多的国家去。为此，诺贝尔先后在奥地利、比利时、英国、美国以及澳大利亚申请了硝化甘油的专利。

1866年春天，在克鲁姆尔工厂日渐完善之后，诺贝尔决定起身前往别处考察，第一站定在了美国。刚刚结束了南北战争的美国百废待兴，为了加强对各州的统治，美国政府开始掀起了一场全国范围内的铁路建设，而铁路建设中需要大量的炸药，诺贝尔不想错过这块肥肉。

前往美国的道路实在是艰辛无比的，诺贝尔需要不断地将自己塞进狭窄的火车车厢里，他将这些车厢称之为"运动的监狱"。由于长时间乘坐火车，诺贝尔经常处于眩晕的状态，因为他实在受不了一路上的颠簸。后来又乘船横渡大西洋,诺贝尔认为这样的旅程一点都不美妙——虽然他很早以前就有过这样的经历。

诺贝尔来到美国后,美国人对他的产品同样显示出了非常大的兴趣。此时的美国不仅忙着修建铁路,还在西部地区掀起了一股淘金热,那里的黄金和石油被源源不断地发掘出来,虽然取得了巨大的经济利益,但是对于资本家们来说,钱还是来得太慢了——他们需要"诺贝尔炸药"的帮助。

经过不懈的努力,1866年夏天,诺贝尔在美国建起了一家硝化甘油工厂,并将它命名为"美国爆炸油公司"。但是,在公司开起来后,诺贝尔却发现这里的一切都与在德国时不同,企业的管理方式十分松散,很多员工根本不听从指挥。最重要的是,一些美国企业的信誉度非常差,他们几乎从来不按时向诺贝尔缴纳货款。

最初,诺贝尔试图让自己在美国的合伙人,也就是汉堡合作伙伴爱德华·本德曼的弟弟朱利叶斯·本德曼来全权处理美国的事务。可是,他发现自己的想法糟糕透了:朱利叶斯一点都没有他哥哥那样精明——他完全是一个蹩脚的三流商人。

天时、地利、人和,诺贝尔一样都没有占到,这让诺贝尔打起了退堂鼓,因为他不可能永远待在这里,欧洲的两家工厂还需要自己,而且还有很多其他的工作。万般无奈之下,诺贝尔将自己的专利权转让给了一家美国公司。

这家设立在旧金山地区的公司被人们称之为"大火药公司",起源于加利福尼亚的一座金矿。诺贝尔将自己的专利权转化成绝大多数的股份，然后在美国旧金山西郊的里士满地区兴建了一座硝化甘油工厂。

这是诺贝尔在世界范围内兴建的第三座硝化甘油工厂，用遍地开花来形容他的工厂一点都不过分。诺贝尔的事业也由此进入到一个高速发展的阶段。

然而，遍地开花的不仅仅是财富，更多的还有危险。

3. 危险无处不在

就在诺贝尔忙着扩大美国公司规模的时候，汉堡的一声巨响让他不得不放缓自己的发展脚步，他必须冷静下来重新考虑"诺贝尔炸药"的配方，因为接连不断的事故让"诺贝尔炸药"陷入了很坏的名声之中。

事实上，要说安全性，克鲁姆尔工厂是三家工厂中安全工作做得最好的。早在建厂初期，汉堡政府就做出了极大的努力，想方设法地将灾难发生的概率降到最低。但是，越安全的地方，反而越容易发生危险。

克鲁姆尔厂区的工作人员每天都小心翼翼地对待自己的产品，他们生怕一不小心就酿成灾祸。可是时间久了之后，他们发现"诺贝尔炸药"并没有传说中的那么恐怖，至少在克鲁姆尔厂区，这个"杀人魔王"的脾气一直以来都表现得十分温顺。有了这种想法后，工人们在操作的过程中就开始大意起来。

一次，厂区的一名技师携带着两瓶小量的硝化甘油前往一家建筑工地去演示。这位技师每天都要接触几十次这种致命的液体，早已对它的危险性置之不理了，在赶往工地的路上，他将这两个瓶子像普通货物一样放在了车顶，一路上与其他乘客谈笑风生。

到达目的地后，技师发现只剩下一个瓶子时吓得出了一身冷汗。他一想到这个瓶子可能会落到一个不知就里的人手里，酿成惨祸，片刻都不敢耽搁，一路狂奔地沿着原路回去寻找，最后终于在一片森林中找到了遗失的硝化甘油。值得庆幸的是，伐木工人们只是把它当作了鞋油。

如果是普通人不明白，拿来擦皮鞋也就算了，关键是一些运输人员似乎也从来没有把硝化甘油的危险当回事儿。一次，一瓶硝化甘油从瓶子中漏了出来，滴在了正在行驶的车轮上，运输人员不但没有意识到它的危险性，反而乐开了花，因为这些油刚好可以拿来润滑满是铁锈的车轴。

到了寒风凛冽的冬天，硝化甘油冻结成固体状，一些搬运工人全然不顾危险，拿着铁棍子不停地去砸它们，试图让它们快速溶解。还有的人为了暖和一些，在煤油灯里掺入了硝化甘油，试图获取更多的热量。

正是因为工作人员放松了警惕，克鲁姆尔厂区才变得危险无比，最终在一次生产中由于硝化甘油外漏而酿成了大祸。

然而，在过去几年时间里，克鲁姆尔厂区大爆炸并不是绝无仅有的：在此之前，世界各地先后发生了多起硝化甘油爆炸的重大事故。

1865年8月，一名德籍推销员西奥多·吕尔斯到纽约推销硝化甘油。他在格林威治街的一家旅馆租了一个房间。在付清账目离开旅馆时，吕尔斯将一只木箱交给旅馆里搬行李的工人照管，并一再告诫这位工人不要动这个木箱，而且一定要等到他回来再做处理。

然而，还没等吕尔斯回到这家旅馆，住在这里的几位旅客就被这个碍事的木箱惹恼了，他们一再要求搬运行李的工人将这个木箱丢出去。尽管搬运工人多次解释，这些顾客却一点都听不进去，当他们抬着木箱准备丢出去时，木箱爆炸了。

这次爆炸将格林威治街方圆几百米内的玻璃全部震碎，先后有18人在爆炸中受伤，当地警方在爆炸后第一时间抓捕了吕尔斯。被捕后的吕尔斯言之凿凿地声称发生的一切都与自己没有关系，自己只不过是在木箱里放了一小瓶油而已，而且这些油还是自己的一位德国朋友托人送来的。

吕尔斯表现出的神情完全像一个胆小怕事者，而且他一口咬定这件事与别人没有任何的牵连，更没有告诉警方他的那位"汉堡好友"的联系方式，所以纽约警方在第二天也就把他释放了——那个时候的纽约警方根本不会将小小的硝化甘油当回事。

纽约爆炸事件之后一个月，一场更加动人心魄的爆炸再次刺痛了人们的神经。在德国的不莱梅港，硝化甘油夺去了28条人命，同时导致200多人不同程度地受伤，这次爆炸的原因并不是操作不当引起的，而是一名美国商人的阴谋，但它还是给硝化甘油带来了极大的恶名。

这位名叫威廉·金·汤普森的美国商人因为经营不善即将破产，为了能够扭转这一不利的局面，他想到了向保险公司诈骗高额保险费用。1865年12月，汤普森将一批并不值钱的货物交付给德国的货轮"摩泽尔号"托运。在货物装船后，汤普森跑到保险公司为这批货物购买了巨额保险。

在货轮即将启程的时候，汤普森将一枚自制的硝化甘油炸弹安装在货物中间。可惜的是，这枚自制的炸弹并不像他想的那样准时，他还没来得及下船就爆炸了，在这次事故中汤普森本人也失去了生命。

除了大型的爆炸外，硝化甘油引起的小规模爆炸更是多得不胜枚举。德国的一名矿工接到老板的命令去买用于爆破的硝化甘油。他根本不知道这玩意儿有多么恐怖，所以当他拿着硝化甘油的玻璃瓶吊儿郎当地抛向空中的时候，整个销售点化为了灰烬。

奥地利一个炸药仓库在装卸硝化甘油时，由于操作人员犯了一个小小的错误，导致整个仓库发生爆炸，死伤十余人。停泊在巴拿马港口的货船，船员们在将硝化甘油搬运至甲板的过程中，因为操作不当导致一箱硝化甘油掉入海中，货船被当场炸毁，船上的数十名船员无一幸免。

1866年3月，随着澳大利亚悉尼市的一则爆炸新闻传来，整个世界对"诺贝尔炸药"产生了疑问。人们开始不断地提出问题，这项发明究竟在造福人类还是在毁灭人类。一些西欧国家开始做出种种规定，严格限制硝化甘油的进口和运输。

更有甚者，一些港口和铁路的工作人员在听说硝化甘油的巨大破坏力后，拒绝将诺贝尔的产品搬运上车或上船——他们已经到了闻之色变的地步，以至于诺贝尔不得不将硝化甘油的字样去掉，而用无伤大雅的"格拉努因油"来代替。

坏消息总是跑得比好消息更快，当诺贝尔积极筹备在奥地利、意大利和英国兴建新的工厂时，这些消息已经在他之前跑到了这些地方。当地一些极力主张使用高效炸药的人也被"诺贝尔炸药"吓跑了。而刚刚建立起工厂的美国也传来不和谐的声音，军火制造厂的厂长杜邦将军到处煽风点火，他说："谁使用硝化甘油炸药，谁就难逃死亡的命运，只不过是早死或者晚死的问题罢了。"

社会的恐慌、民间的压力、政府的取缔，使得诺贝尔刚刚走上正轨的事业如同风雨中飘摇的烛光一样。很多人认为诺贝尔的工厂会在几个月之内消失。但是，诺贝尔却不信邪，他十分坚定地要工厂的员工们继续生产。

诺贝尔并不是冷血动物，事实上，每一次爆炸新闻传到他耳中的时候，他都能感同身受，这些新闻让他重新回到了失去埃米尔的伤痛中。但是，逃避不是解决问题的根本途径，硝化甘油的作用是显而易见的，它对工业文明的发展有着不可估量的作用。现在唯一要做的不是取缔，而是如何改进，让它成为一种安全炸药，这样它就能更好地为人类服务了。

4. 神奇的硅藻土

关于硝化甘油的安全问题，从接触它的第一天起，诺贝尔就在思考这个问题。但是，由于忙着处理各种事情，诺贝尔一直没有时间停下来认真地思考这个问题。直到汉堡的工厂发生爆炸后，诺贝尔更加意识到必须对"诺贝尔炸药"进行技术革新了，他不能让自己辛辛苦苦发明出来的东西成为人们心目中的"夺命液"。

早在1863年，诺贝尔在一次实验中就充分地意识到了液态硝化甘油存在着致命的缺点。为了尽可能地降低液态硝化甘油的危险性，诺贝尔曾向硝化甘油中添加了甲醇并就此项发明申请过一项专利，但是这项设计没有任何实用的价值。

1866年，考虑到便于运输和安全操作的问题，诺贝尔开始尝试着将硝化甘油制成固态形式。最初，他将硝化甘油同黑色火药、火棉或火药纸混合起来，试图通过这种方法将硝化甘油固定起来。但是没多久，他就发现自己重复了父亲当年的错误。

在随后的时间里，诺贝尔将自己的全部时间都交给了各种各样的实验，他甚至很少去工厂里指挥生产。即使是吃饭的时间，在他看来也格外珍贵，有时候，他一边咀嚼着食物一边开始实验；晚上睡在床上，睡意也会被各种各样的奇思妙想冲得一干二净。

经过一系列的实验后，硝化甘油的稳定性得到了一定的提升，但是效果仍然不很显著。为了让人们继续保持对硝化甘油的关注度，并让他们对这种产品保持热情，诺贝尔决定邀请一些矿主和铁路建设者们来参观一次自己的实验。

在实验当天，诺贝尔将那些颇有声望的名流们安排在一个安全但能够清楚观察到操作细节的地点。在众人面前，诺贝尔取出定量的硝化甘油和火药混在一起，然后将它们放入燃烧的柴火中，当所有人都以为诺贝尔不要命了的时候，奇迹发生了，硝化甘油没有爆炸。接下来，诺贝尔带着大家走到一处足有60英尺高的山崖边，然后将同样的硝化甘油扔到了山谷之中，结果依然没有爆炸。

随后诺贝尔又将同样的材料依次放在一根橡木杆上、一块大石块上和一个生铁筒上，然后用引信和雷管将它们引爆，结果大地传来了颤抖。最后，诺贝尔要自己的助手在一个石坑里掘进15英尺，然后再次将相同的硝化甘油炸药添入其中。当雷管将它引爆的时候，现场一片寂静。诺贝尔已经不需要招揽生意了，现场的实验说明了一切，那些精明的矿主们和聪明的铁路建设者们比任何人都清楚自己需要什么。

事实上，诺贝尔只是试图通过这样的实验向人们传达一个信息，那就是：在正确的操作情况下，硝化甘油炸药是十分安全的。这次实验之后，诺贝尔重新投入到安全炸药的研发之中，他希望自己能找出一种可靠的办法，让硝化甘油在错误操作的情况下尽可能地保证安全。

诺贝尔用过焦炭粉、刨花、混凝土、碎砖屑、纸、纸浆、石膏粉、干黏土等各种东西，但是没有一种物质能够达到他想要的结果，即便如此他依然没有放弃。

一天，诺贝尔在做实验时发现一个马口铁罐里的硝化甘油因为装得太满而溢了出来，起初他并没有在意，当他做完实验准备起身离开的时候，却发现马口铁罐附近并没有硝化甘油的痕迹，这引起了诺贝尔的好奇。经过一番仔细的观察后，诺贝尔发现硝化甘油被马口铁罐外面的涂料硅藻土吸附了。

为了验证自己的猜测结果，诺贝尔将一些硝化甘油涂抹到硅藻土上，结果那些硝化甘油神奇地消失了，这个发现让诺贝尔欣喜若狂。

硅藻土是硅藻的细胞壁经过几百万年的沉积而形成的一种物质，它的化学特性十分稳定，非常不容易被点燃。早在东罗马帝国时期，硅藻土就被作为一种防火材料被广泛地应用到宫殿的刷漆工艺上。在汉诺威一带，硅藻土几乎随处可见，人们从来不认为它有什么利用价值。

经过反复的实验后，诺贝尔得出了一个合理的配方：三份硝化甘油加一份经过煅烧和筛选的硅藻土。按照这个比例配置出来的硝化甘油炸药终于以固态的形式出现在诺贝尔面前——这是诺贝尔一直以来都在追求的。但是，这还远远不够，诺贝尔需要验证它的安全性是否能像自己预想的那样。

为了搞清楚这种新形态下的硝化甘油的爆破力，诺贝尔先后做了多次实验，从高处抛下、用铁锤砸，几乎所有的方式都用过了，但是这些炸弹纹丝不动，它们没有受到丝毫的影响。

诺贝尔又产生了新的疑问：硝化甘油在被硅藻土吸收后，化学特性会不会发生改变呢？如果它的爆破威力随之减弱，那这个实验依然是失败的。于是，诺贝尔尝试着将它做成棒状物体然后用雷管引爆，结果实验成功了。

经过反复的实验后，诺贝尔确定硅藻土能够大大地降低硝化甘油的活性，让它处于相对稳定的状态，它也不会因为震动、撞击、加温而自发地引起令人震惊的爆炸。唯一的缺点是，它的爆炸威力没有硝化甘油那么强大，但是与黑炸药相比，它的威力还是远远超出了数倍。

1867年，经过多次实验后，诺贝尔带着新的炸药来到德国的克劳斯塔尔、柯尼舒特和多特蒙德三座矿山，在这里他进行了多次成功的爆破示范实验。经过一系列的实地实验后，诺贝尔为这种新型的炸药申请了专利权。

这一年5月，诺贝尔分别获得了美、英两国的专利，9月再次获得瑞典的专利。诺贝尔还给这种炸药取了一个不错的名字"达纳炸药"（在希腊语中"达纳"是"强力"的意思）。

"达纳炸药"发明出来后，全世界的工业企业家都为之疯狂，那些曾经对硝化甘油深恶痛绝的人开始一反常态，他们不再指责和攻击诺贝尔，而是对诺贝尔发出了由衷的赞叹和褒奖。那些曾经不惜篇幅、用大量报道给诺贝尔抹黑的媒体也开始扭转舆论势头，开始鼓吹诺贝尔是一个"不向任何困难和挫折低头的伟大发明者"。

Chapter 4　第四章　事业起步

1868年年初，诺贝尔应邀出席在英国东部城市诺福克郡举行的一次行业协会。在那次会议上，诺贝尔向人们阐述了黑火药对于过去时代的重要性，同时告诉人们，"达纳炸药"将会主宰未来的人类社会。这次演讲让诺贝尔的人生达到了第一个顶峰。

同年2月，瑞典皇家科学院决定授予诺贝尔父子俩莱特斯蒂特金质奖章，以表彰他们所做出的"对人类具有实用价值的重大发现"。其中，对伊曼纽尔的颂词是"表彰他在使用硝化甘油作为一般性炸药方面的贡献"；对诺贝尔的颂词是"表彰他做出了达纳炸药这样一种更为实用的发明"。

莱特斯蒂特奖是瑞典皇家科学院创办的一项奖励，它的宗旨在于鼓励那些在艺术、文学或科学领域中出现的杰出人才，以及那些对人类具有实用价值的重大发现和发明。它的颁奖范围仅仅局限于瑞典国内，但是却有着比较大的影响。诺贝尔设立诺贝尔奖金在很大程度上就是受到了莱特斯蒂特奖的影响。

这个时候的伊曼纽尔早已卧床多年，但是当得到国家的奖赏时，他还是禁不住热泪盈眶。在过去许多年里，他一直渴望着用自己的发明来报效祖国，但是每一次都遭到相关部门的婉拒，如今他终于得到了祖国的认可。

诺贝尔虽然也十分兴奋，但他还是更多地为父亲高兴。在给父亲的一封信中，诺贝尔恭喜道：

长久以来，您一直从事炸药方面的研究，我正是得益于您的恩赐才走上这样一条道路的。与您所做的一切相比，我的成绩相形见绌、微不足道，所以我真挚地恭贺您取得如此骄人的成绩。

与这些获得的荣誉相比起来，市场所给出的反应更是空前的热烈。那些在过去看上去遥不可及的事情变成现实，一座大山在很短的时间内就会被"达纳炸药"夷为平地；世界上只要有矿山和交通建设的地方，就会有"达纳炸药"，比如1872年开始修建的圣哥萨特铁路线上的隧道工程，1876年纽约市东河海尔盖特河道上水下礁石的爆破清除工程，1890年开始的多瑙河铁门段河道的疏浚工程等。

与"诺贝尔炸药"上市后的纷争不断相比，"达纳炸药"推向市场后好评如潮，在经过7到8年的时间布局后，"达纳炸药"几乎控制全球的炸药市场。从1867年年产11吨到1874年的3120吨，诺贝尔的事业在短短几年的时间里就获得了巨大的成功。

然而，诺贝尔似乎并没有停下来享受生活的意思。

Chapter 5

ALFRED
NOBEL

第五章　世界工厂

1. 悲伤的克鲁姆尔

1865年3月，诺贝尔前往德国汉堡，经过短时间的考察，在这里成立了"阿尔弗雷德·诺贝尔公司"；当年冬天，诺贝尔就与合伙人在克鲁姆尔地区建起了一座工厂。这座工厂为诺贝尔的发明和创造都提供了极大的便捷。但是，让人感到遗憾的是，仅仅一年之后，诺贝尔的心血就在一场爆炸声中化为了灰烬。

克鲁姆尔工厂爆炸后，为了尽快恢复工厂的生产，诺贝尔在资金紧缺的情况下，将自己在美国的专利权卖给了一家美国火药公司，并从中得到两万美元的现金。从美国返回欧洲后，诺贝尔在克鲁姆尔购置了房屋，在此后的7年时间里，诺贝尔长时间地在这里进行各种实验。

"达纳炸药"被发明出来以后，诺贝尔率先在克鲁姆尔工厂批量生产这种安全炸药。一时间，汉堡港口到处都充斥着"阿尔弗雷德·诺贝尔公司"的货物。这些货物有的被德国各地的矿主买去，也有一部分从这里流向了欧洲各国。让诺贝尔没有想到的，更多的"达纳炸药"在他不知情的情况下，流向了德国军方的火药库里。

从19世纪60年代开始，普鲁士王国便开始致力于德意志民族的统一。1864年，在宰相俾斯麦的带领下，普鲁士军队击败了丹麦。1866年,普鲁士军队在与奥地利的交战中,收复了大片的失地。当普鲁士人民欢欣鼓舞的时候,法皇拿破仑三世却向俾斯麦提出了一个非分的请求。

在普鲁士与奥地利交战时,拿破仑三世坐山观虎斗,大收渔翁之利,但是他却宣称自己之所以没有参战是因为想给普鲁士人一个机会。所以,在普奥战争结束后,拿破仑三世要求俾斯麦将莱茵河西岸的巴伐利亚和达姆施塔特的部分领土送给法国,以表达对法国的感激之情。俾斯麦在听到拿破仑三世的要求后,断然予以拒绝。

1870年7月初,普鲁士国王威廉一世的亲属利奥波德亲王,接受了西班牙政府的邀请,前往西班牙继承王位。这件事情让一直对普鲁士怀有戒备心理的拿破仑三世十分不满,为了防止西班牙和普鲁士联合起来对抗自己,拿破仑三世决定先发制人,向普鲁士王国发动进攻。

1870年8月2日,法国军队向位于萨尔布吕肯地区的普鲁士士兵发动了进攻,但是当法国军队冲向阵地的时候,德国方面却纹丝不动。随着几声炮响,法国士兵像草芥一般被抛到了天上——"达纳炸药"用它强大的威力击退了法军的数次冲击。

到8月4日,凭借着优良的战斗装备,普鲁士军队已经成功地击溃了入侵的法国侵略者,短短两天时间,他们就进入到反攻的阶段。在接下来一个多月的时间,法国军队在正面战场上节节败退,他们完全不明白德国人究竟请来了何方神圣,以至于拥有了如此强大的火力。

9月1日,普法两军在色当地区展开了色当会战,这是决定双方成败命运的关键性战役。战役打响后,上百门克虏伯大炮向法军阵地发射了成千上万的"达纳炸药",法军几乎没有任何抵抗的能力。在强大的炮火攻击下,法军很快就败下阵来,拿破仑三世在数次突围未果的情况下向威廉一世交出了自己的佩剑。

在普法战争中,法军经历了最惨重的溃败,他们先后损失了12.4万人,而自己的对手普鲁士只失去了9000多人,连法国的十分之一都不到。这次战役后,"达纳炸药"的威力像风一般传到了世界各国军队首脑的耳中。

普法战争给诺贝尔的工厂做了一次免费的、世界性的广告。可是,诺贝尔还没有来得及高兴,一场大爆炸再次袭击了克鲁姆尔工厂。这次爆炸与1866年的爆炸相比,有过之而无不及,以至于克鲁姆尔工厂一度陷入了停产的绝境中。

但是,这次停产也不完全是坏事:停产期间,诺贝尔想方设法扩大了克鲁姆尔工厂的范围,并更换了更加先进的机器。当克鲁姆尔重新投入生产的时候,"阿尔弗雷德·诺贝尔公司"经过改组已经成为一家专门生产"达纳炸药"的有限责任公司，而它的规模与之前相比也扩大了很多倍。

由于"达纳炸药"在普法战争中表现出了非常优越的性能，奥地利和匈牙利等德国邻国也开始大量地购入这种安全炸药。为了适应新的形势，"阿尔弗雷德·诺贝尔公司"更名为"德国—奥地利—匈牙利达纳炸药有限公司"，公司的业务范围和规模继续呈现扩张的趋势，先后在普雷斯堡等地建立了分工厂。

公司改名后，由于去掉了"诺贝尔"三个字，造成了人们对产品的不信赖，市场一度受挫。在意识到这个情况后，诺贝尔再次更换了公司名称，改为"达纳炸药有限公司，原阿尔弗雷德·诺贝尔公司"。在此之后，德国公司正式步入了正轨，诺贝尔则全心全意地投入到技术革新和发明中。

随着诺贝尔后来取得越来越多的专利权，"达纳炸药有限公司"生产的种类也越来越多样化，工厂的生产规模也始终呈现出不断扩大的趋势。随着公司信誉度的日益提高，"达纳炸药有限公司"的股票也不断地增值。在公司刚刚开业时，公司资本只有350万马克；但是到了1888年，公司资本已经增至500万马克。进入20世纪后，这家公司的资本更是每年都发生着惊人的变化，到1923年时，公司资本已经达到了2.5亿马克，这实在是非常了不起的成就。

虽然"达纳炸药有限公司"的规模不断扩张，但诺贝尔还是认为它的发展速度无法供应周边地区的需求。于是，诺贝尔又先后在奥地利和匈牙利两个国家各开办了一家联合工厂，他们的总部设在了维也纳。但是，从某种意义上来说，这两家工厂无论是在生产还是管理方面，都更多地要依托克鲁姆尔工厂。

克鲁姆尔工厂一度成为了诺贝尔手中最重要的财源之一，但是在诺贝尔去世后不久，这家公司却因为经济大萧条和世界大战的影响，一度在炸药产量方面急剧下降，后来甚至一度转产。

在德国期间，诺贝尔没有停止自己发明创造的脚步，他在靠近克鲁姆尔厂区的地方又先后兴建了一座大型的研究实验室、两座新工厂。其中一座工厂生产的是与炸药完全不相干的产品——丝线，而另外一座工厂的产品是"维斯特拉"化纤。这两个工厂也从一个侧面表明了诺贝尔的天才之处。

在第二次世界大战期间，克鲁姆尔和后面的两座工厂曾一度成为纳粹军队最主要的武器和战备供应地。那个时候，克鲁姆尔的发展也达到了顶峰时期，工厂拥有德国最先进的生产技术和设备，工厂雇员也达到了近一万人。

1945年4月，在纳粹德国战败的前夕，盟军为了彻底消灭德军的军事力量，在克鲁姆尔地区投下了一千多枚重型炸药，凝结着诺贝尔一生心血的克鲁姆尔工厂终于毁于炮火之中，这让人们永远也无法看到诺贝尔在这里曾经付出的一切了。然而，让人尴尬的是，盟军炸毁克鲁姆尔工厂的炸弹，正是诺贝尔用毕生精力研究出来的强力炸药。

2. 无所不能的巴布

  诺贝尔一生都没有强烈的政治情结,他更多地醉心于自己的发明创造之中,闲暇时也会关心世界和平事业,他总是希望自己能够成为一个给世界带来和平与美好的人,尽管他致力于炸药的研究,但是他的初衷并不是为了战争,而只是想在蓬勃发展的工业革命中添砖加瓦而已。所以,当别人称他为"战争狂人"的时候,诺贝尔深深地为之苦恼,如果让他选择,他宁愿自己能够留下像南丁格尔一样的好名声。

  早在克里米亚战争期间,诺贝尔就听说了南丁格尔的感人故事。当时,出身于英国富贵家庭的南丁格尔放弃了家中的优越生活,赶赴前线。她竭尽全力地排除各种困难,为那些在战争中受伤的战士们提供帮助。让人钦佩的是,她不仅照料英国士兵,还对自己的敌人——俄国士兵施以慷慨的援助之手。

  在诺贝尔看来,自己的工作虽然与南丁格尔有着巨大的差异,但是他同样希望帮助那些处于战争中的人们。普法战争期间,德国凭借着"达纳炸药"杀敌无数。这让诺贝尔格外痛心,他时常反思,如果法国能够同样拥有"达纳炸药",普法的双方会不会彼此顾忌而化干戈为玉帛。

  诺贝尔对法国有着很深的感情,所以他并不希望法国民众受到伤害。他始终没有忘记自己在巴黎时失去女友的伤痛；同样，他也无法忘记，在自己陷入绝境时，是佩雷拉银行给予自己大力的支持。在诺贝尔看来，那些使用"达纳炸药"的人都应该感谢法国人，因为正是他们的帮助，才让自己最终发明了"诺贝尔炸药"，才有了后来的安全炸药。

普法战争之前，诺贝尔曾经数次前往拿破仑三世统治下的法国，当时他非常热心地将自己的产品介绍给法国当局。但是，浪漫的法国人从来都不对他的发明有兴趣，他们更愿意相信自己的产品。"火药与硝石管理局"作为法国的一家政府垄断的机构，长期以来都沉溺于黑火药的研发中，他们不认为诺贝尔能够改变世界。

在全世界都被硝化甘油的威力倾倒的时候，法国人却不为之心动。久久无法打开法国市场，让诺贝尔感到无比的失望。就在快要放弃的时候，诺贝尔遇到了他人生中的另一位挚友——保罗·巴布。

保罗·巴布是"巴布父子铁器工厂"的小老板，他和父亲长期以来都经营着一家规模不大的小工厂，虽然不是十分富裕，但是却过着还算不错的生活。在回到工厂之前，巴布曾经是一名非常有才华的工程师，由于一直没有碰到欣赏自己的人，巴布放弃了自己的本职，去部队当了一名炮兵上尉。

在做炮兵期间，巴布开始接触各种各样的炸药制品，他发现，不论是哪种炸药，都无法与硝化甘油炸药相提并论。后来，"达纳炸药"发明出来后，巴布认为这简直是上帝赐予战士们的最好的礼物。但是，他人微言轻，法国军政当局自然不会按照一个小小炮兵上尉的思路购置武器。

既然在军队也无法做自己喜欢的事，不如索性回父亲的工厂，帮助父亲经营。于是，巴布退伍回家，开始成为父亲工厂的小老板。当听说"达纳炸药"的发明者诺贝尔来到法国，游说政府批准他在这里建设工厂的时候，巴布非常开心。他主动找到诺贝尔，希望与诺贝尔在这方面进行进一步的交流。

巴布与诺贝尔相谈甚欢，他当着诺贝尔的面保证，只要法国当局批准，他愿意拿出20万法郎，作为在法国建厂的资金。工厂建立起来后，他只需要收回6%的利息即可，至于利润，他愿意分享其中的一半。但是巴布没有想到的是，他勾画的美好蓝图一点都没用，因为法国当局始终不准诺贝尔在法国建立工厂。

军人出身的巴布，这个时候不仅仅担心自己无钱可赚的问题，他更担心法国的命运。他从诺贝尔那里知道，普鲁士人已经开始大量地生产"达纳炸药"，虽然诺贝尔说自己的炸药主要是卖给了那些开矿的矿主，但是普鲁士政府却可以在暗地里收购这些"达纳炸药"。如果德国和法国开战，凭着法国军火库里那些陈旧的炮弹，法国没有半点胜算。

结果正如巴布所预料的那样，在普法战争中，法国大败而归。直到这个时候，"火药与硝石管理局"才发现德国人使用的就是诺贝尔和巴布很早就提起过的"达纳炸药"，但为时已晚。

鉴于在普法战争中与普鲁士的巨大差距，法国在1871年春天批准了诺贝尔在法国建立工厂。作为诺贝尔的亲密伙伴，巴布全权负责工厂在法国的建设事宜。没过多久，法国的第一家"达纳炸药"工厂在南部城市波利尔落成。但是，还没等巴布庆祝，法国政府又改变了主意。

1871年秋天，法国国民议会再次通过了禁止私人制造炸药的法令。迂腐不堪的"火药与硝石管理局"再次将炸药的制造权和销售权收了回去。这让巴布很是恼火，他对政府的出尔反尔深感厌恶。他多次以诺贝尔的名义控告政府，并向他们提出索赔。在与"火药与硝石管理局"的管理人员对质时，巴布说道："正是你们迂腐的决定，让法国吃了大亏。可是你们却从来没有意识到自己的错误。"

不论巴布如何反抗，法国政府还是没有半点动静。见硬的不行，巴布开始了自己的游说攻势，他要一些与自己熟识的工矿企业主去相关部门陈述"达纳炸药"的优异性能。但是，不管巴布用哪种方法，法国政府还是像铁板一块，坚决不同意巴布的请求。

在使用了各种方法不见成效后，巴布也顾不得政府的禁令了，他顶着巨大的压力继续在波利尔经营这家工厂。到1872年夏天时，工厂已经收回了成本并产生了巨大的利润，诺贝尔获得了19万法郎的红利。为了感谢巴布在过去一年时间里为了工厂所付出的努力，诺贝尔主动从这笔钱中抽出2.5万法郎赠送给了巴布。

1873年，经过巴布的不断努力，乔维尼男爵在议会委员会上提出了允许私人企业生产和销售"达纳炸药"的建议。与此同时，国防部的拉图尔将军也向国防委员会提出了相同的议案。两个重要部门同时向法国政府提出这一请求后，法国政府再也无法坚持自己的禁令了。他们正式批准私人企业在获得特别准许后，可以制造"达纳炸药"并且销售，"达纳炸药"也享受国家全部优惠。

乔维尼和拉图尔之所以能够同时提出这个议案，在很大程度上要归功于巴布，他向这两位政府的高官允诺，只要政府通过他们的提案，他们就可以成为诺贝尔法国公司的股东——当然，他们不需要向公司支付任何股金。

为了能最大程度上得到国家的支持，巴布还想方设法将当时法国黑色火药工厂厂长路易斯·鲁聘请到诺贝尔法国公司来当总经理。显然，巴布在走一条"金钱搞定一切"的道路。诺贝尔对他的行为没有什么太多的异议，因为他没有太多的时间来理会法国公司的发展，他更希望这里的一切能顺利地发展下去。

后来，有人在诺贝尔面前说一些巴布的坏话。诺贝尔听了之后嗤之以鼻——在他看来，巴布是一个非常聪明的伙伴，更是一个杰出的商人。虽然他有时候没有足够的良心，但是他的聪明才智足以弥补他所犯下的错误。

在巴布大力发展法国的诺贝尔工厂时，诺贝尔却只身待在英国。在那里，他正组织一群人实施一个庞大的计划——阿岱尔工程。

3. 阿岱尔工程

"达纳炸药"被发明出来后,很快就受到了世界范围内的欢迎。但是,它却遭到了几个工业强国的强烈抵制。作为工业革命后发展起来的头号工业强国——英国一直以来都对"达纳炸药"的应用采取了慎之又慎的态度。

对于英国,诺贝尔没有太多的了解。当年英国举办万国博览会的时候,诺贝尔曾经在这里停留过一段时间,他被大英帝国强大的工业实力所折服。但当时英国只是他的一个过渡点罢了,他在参观了万国博览会之后,就离开英国前往美国学习了。

在"诺贝尔炸药"发明出来后,诺贝尔本能地认为,作为工业强国的英国会对强力炸药有十分浓厚的兴趣。所以,在1865年至1868年三年的时间里,诺贝尔频繁地访问英国,并且在英国的各大报纸发表过许多文章。在这些文章中,诺贝尔极尽详细地向人们描述了硝化甘油炸药和"达纳炸药"的研究过程和操作手法,并且向人们介绍了它们的卓越优点。

尤其是在1867年"达纳炸药"发明后不久,诺贝尔带着产品亲自来到梅尔斯塔姆进行了一场演示。在一大批英国专家的面前,诺贝尔亲自对"达纳炸药"的使用方法进行了操作，他要让那些自以为是的英国人明白："达纳炸药"要远比他们想象中的更加优秀。

在观摩了诺贝尔的多次演示之后，古板的英国人开始在议会上讨论引进这种炸药的可能性。为了以防万一，议会还任命了炸药专家弗雷德里克·艾贝尔教授对硝化甘油炸药进行调查。可是艾贝尔教授却是一个地地道道的黑火药支持者，他不仅没有给出客观的调查结果，反而私下里鼓动黑火药制造商们对诺贝尔群起而攻之。

为了扫除艾贝尔这个进军英国市场的巨大障碍，诺贝尔用流利的英文写了一封详细的答辩说明。他将这份说明分别寄给了多位英国内政大臣。然而，内政大臣们依然不为所动，他们固执地颁布了禁止生产、销售和运输硝化甘油的法令。但与此同时，他们也为自己留下了一个退路，那就是在法令的最后，他们申明在特殊情况下可以个别批准进口。

普法战争结束后，英国当局为德国人所展现出的强大军事力量所震惊。直到这个时候，英国人才意识到对诺贝尔的禁令将会严重地损害国家利益。于是，关于"达纳炸药"的禁令开始缓解。到1871年，英国政府已经彻底扫清了生产"达纳炸药"的最后一道法律障碍。

在政府扫清最后一道障碍后，一大批苏格兰的银行老板和实业家联合起来邀请诺贝尔赶赴英国——他们等这一天已经等了很久了。在过去几年里，他们眼睁睁地看着德国人在"达纳炸药"上赚得盆满钵溢，如今他们希望在自己的土地上也大干一场。

Chapter 5　第五章　世界工厂

约翰·唐尼是英国一位出色的工程师，早在几年前他就对诺贝尔的"达纳炸药"青睐有加，在黑火药的支持者们极尽能事地批判硝化甘油时，他就曾经站出来力挺这一新事物。他认为，在未来的工矿企业发展中，诺贝尔的炸药将占据绝对主导的地位。唐尼的支持让诺贝尔和他之间建立起了非常友好的关系。

英国政府解除禁令后，唐尼作为英国企业家代表与诺贝尔进行了接洽。经过一番磋商后，英国的大实业家们向诺贝尔袒露了他们的万丈雄心，他们不仅要在英国建立一个普通的硝化甘油厂，还要在苏格兰西海岸的阿岱尔附近的荒凉沙丘上建立一个世界上最大的硝化甘油工厂。

除了这座大型的硝化甘油工厂外，英国人还很大气地许诺在其附近建立两座附属的工厂，一家工厂生产雷酸汞，另一家工厂则主要生产雷管。而雷酸汞和雷管也恰恰是诺贝尔最新的得意之作。

英国人的计划引起了诺贝尔的极大兴趣，双方一拍即合，在当年年底就组建了"英国达纳炸药有限公司"，并将公司的总部设在了英国北部的大城市格拉斯哥。为了帮助英国人顺利地建设厂房，诺贝尔将自己最信赖的阿拉里克·利德贝克请到了英国。

利德贝克是诺贝尔童年时期的好友，诺贝尔在瑞典建起自己的第一家工厂时，利德贝克就被邀请来管理生产。后来，诺贝尔在世界各地兴办工厂，利德贝克都以顾问的身份对新建的工厂提供技术指导。在这几年里，利德贝克早已经从机械工程师转变成为一名优秀的炸药专家。

在利德贝克的帮助下,这家号称世界最大的硝化甘油工厂有条不紊地建设着。英国人将他们的钱毫不保留地投入到这个工程之中,以至于当阿岱尔工厂最终落成时,诺贝尔心满意足地和所有的人开起了玩笑,他说:"这是我这些年来建设过的最优秀的工厂,从现在开始我就将它交给你们了。我相信,即使我们的董事局足够糟糕,阿岱尔也会走向成功,因为从工厂开始建设的第一天起,它就意味着成功。"

阿岱尔工厂的建成确实让诺贝尔十分开心,后来他还写诗描述了自己当时的心情:

在这个国度里,
如果没有劳动,
阿岱尔不过是一片荒凉的丘地,
连野兔也无法在此觅到食物。

然而,
由于我们的辛勤劳动,
鸟兽才得以栖息在绿色的草木中,
而人只有靠劳动才能使自己生存。

延绵的秃山荒野,
风在不停地呼啸。
令人寒战的雨水,

淋湿了裸露的泥土。

建立在荒野中的工厂，
在狂风中战栗。
纵使这样一种恶劣的环境，
劳动仍然发射着光辉。

它战胜了严酷的自然条件，
给劳动的人们带来喜悦和安慰。
劳动可以使一切变得美好，
可以给荒野带来新的生命。

在阿岱尔工厂竣工后不久，唐尼一直是这里的真正负责人。为了避免和英国当局关系过于僵硬，唐尼让出了自己的位置——他将极力反对硝化甘油的艾贝尔请来，做了阿岱尔工厂的主管。然而，让人遗憾的是，阿岱尔工厂正式投入生产后不久，唐尼就在一次意外中失去了自己的生命。

1875年2月，唐尼在检验一批装满了"达纳炸药"的子弹时，发现有几颗子弹存在一定的质量问题。唐尼漫不经心地将它们挑选出来，然后随手扔到了不远处，让唐尼没有想到的是这些子弹掉进了一堆明火之中，在高温条件下，子弹引发了剧烈的爆炸，而唐尼也为自己的鲁莽行为付出了昂贵的代价。

卡思伯特成为唐尼之后的第二任经理。上任后，卡思伯特将自己的注意力集中在了两个方面：

一是积极地发展出口贸易。卡思伯特在一些国家雇用了大批的代理商，通过这些代理商，他将阿岱尔的产品销往了世界各国。他还帮助这些代理商们建立了炸药仓库，这样能够保证当地的货源永远保持充足。仅在1876年，卡思伯特就创设了12个新的代理机构，其中有7个设在澳大利亚。

二是进行大力的宣传。卡思伯特进行了广泛的公关活动，他向大众和用户们宣传"达纳炸药"的安全性，并积极地在政府部门寻找"自己人"，这些活动对阿岱尔工厂的发展起到了举足轻重的作用。为了消除媒体上的不良影响，卡思伯特还给一名《泰晤士报》记者发薪水，目的是在第一时间了解到对公司不利的信息。

其实，阿岱尔工厂的杰出不是靠媒体吹出来的，他们确实有着独到之处。作为一家炸药生产工厂，他们的生产事故是非常少的。除了得益于工厂建设时期的严格要求和严密的保障措施外，还要得益于诺贝尔在员工选拔方面的决定：在阿岱尔工厂里，员工不是普普通通的技术工人，他们个个都是身经百战的退伍战士，诺贝尔认为这些战士们比其他人有着更强的纪律观念和服从意识。可以说，阿岱尔工厂是诺贝尔真正的得意之作。

英国达纳炸药公司成立后不久，就一跃而成为世界上最大的"达纳炸药"供应商。在19世纪80年代初期，阿岱尔工厂的占地面积就达到了850英亩，拥有厂房45座，年产"达纳炸药"1000吨，硝化甘油1400吨。十年后，阿岱尔工厂的产量更是达到了全球炸药生产量的十分之一，成为了全球当之无愧的炸药第一厂。

4. 混乱的美国市场

在诺贝尔的全球生意做得有声有色的时候，一个不好的消息从大洋彼岸传来，那就是美国地区的硝化甘油很有可能被别人控制，也就是说，诺贝尔在那里兴建的厂房将要从他的手中溜走了。

早在诺贝尔发明出硝化甘油炸药的时候，他就注意到了美国这个广阔的市场。当时，美国的谢夫纳上校与诺贝尔保持着非常紧密的联系。作为朋友，诺贝尔曾经邀请他参观过自己的大多数工厂，也就是在那段时间，谢夫纳上校对炸药产生了迷恋。

在埃米尔死亡的那场事故中，谢夫纳上校在得到消息后迅速赶到现场，他没有投入到救援行动中，而是在现场收集爆炸残留物。他当时就发现硝化甘油炸药在未来会有极大的市场，因此他和诺贝尔商量出一万美元获得硝化甘油在美国的专利权，但是遭到了诺贝尔的拒绝。

被诺贝尔拒绝后，谢夫纳一直对此耿耿于怀。为了获取巨大的利益，谢夫纳利用自己的身份找到了当时美国驻斯德哥尔摩公使，他希望公使能够配合自己拿到硝化甘油炸药的配方，结果谢夫纳的这一想法遭到了公使的严厉斥责。

没有讨到半点好处的谢夫纳放弃了偷取配方的想法，极不情愿地离开欧洲。但是，回到美国后，谢夫纳就开始想方设法钻法律的空子。他认为，在诺贝尔之前，硝化甘油已经存在了，可是并没有人申请专利，既然如此，自己也一样可以掌控硝化甘油，所谓的专利对自己不会有太大的约束力。

在诺贝尔正式登陆美国之前，硝化甘油炸药已经开始零星地出现在美国本土，由于人们对这种化学物质缺乏必要的了解，所以接连发生恶性爆炸事故，美国安全局甚至做出了禁止运送和使用硝化甘油的命令。

但是，命令更多的时候只是说给普通人听的，很多美国矿主依然冒险使用硝化甘油来进行爆破。谢夫纳上校为了运送硝化甘油，发明了一种双层桶，这种桶的表面涂满了涂料，里层和外层之间充满了水。这种桶在运送硝化甘油时又方便又迅速，为谢夫纳赚了一大笔钱。谢夫纳用这笔钱上下打点，取得了运输硝化甘油的许可证。

后来，诺贝尔在美国成立了"美国爆炸油股份公司"。公司成立之初，诺贝尔将他的专利权转让给"美国爆炸油股份公司"负责人，他要求这家公司日后支付25%的股份以及两万美元的现金。

"美国爆炸油股份公司"先后两次向诺贝尔支付了一万美元的专利费后，就转而依附谢夫纳上校了。谢夫纳上校表面上只是负责帮助"美国爆炸油股份公司"运送硝化甘油，但是后期他实际上已经成为这家公司的真正控制者。

如果谢夫纳上校能够专注于生产，那他将在美国这个市场上取得不小的成就。但是，他似乎对生产没有丝毫的兴趣，而且也不愿意将自己获得的利润与他人分享。于是，他向美国法院提出控告，要求诺贝尔退回"美国爆炸油股份公司"支付给他的两万美元。与此同时，他撕毁了诺贝尔在美国时签订下的禁止向军方出售硝化甘油的协议。

诺贝尔的地位受到了空前的威胁，为了阻止谢夫纳这样的小人阴谋得逞，1867年，诺贝尔委派自己克鲁姆尔工厂的助手西奥多·温克勒带了几箱"达纳炸药"的样品前往美国。温克勒到达美国后，诺贝尔委托加利福尼亚代办处的朱利叶斯·本德曼以他自己的名义申请"达纳炸药"的专利。

加利福尼亚的银行家和炸药商们对诺贝尔的"达纳炸药"兴趣浓厚，当温克勒为他们展示了操作过程之后，当地的银行家们毫不吝惜地出钱组建了新的炸药公司，取名为"巨力"。签订协议时，银行家们给了诺贝尔三分之一的股份——平心而论，这个价格还算公道。

万事俱备之后，温克勒催促股东们开始工作。于是，在没有通知谢夫纳和"爆炸油公司"的前提下，"巨力公司"在旧金山附近选好新的工厂地址破土动工。在温克勒看来，这件事早在当初"爆炸油公司"向诺贝尔支付过两万美元之后就与他们没有任何关系了。温克勒的想法十分正确，但是他还没来得及处理这方面的事情，就因为感染疾病离开了人世。

当谢夫纳得知一家新的"巨力公司"产生后，不禁勃然大怒。他向法庭提出控告，认为诺贝尔和加利福尼亚的银行家们合谋侵吞了他在"达纳炸药"方面的利益，声称诺贝尔既然把硝化甘油及其日后新产品的专利转让给"爆炸油公司"，

"达纳炸药"就理应包括在内了，因为"达纳炸药"只不过是硝化甘油的一种新的剂型。

然而，真正让诺贝尔感到意外的不是谢夫纳的无耻，而是美国企业家们在专利权面前的胆大妄为。一些美国的企业家为了谋取"达纳炸药"的巨额利润，置专利法于不顾，纷纷使用欺骗行为或者暴力手段进行硝化甘油的生产。一时间，许多硝化甘油的异体化合物开始被制造出来，与"巨力炸药公司"竞争。

其中有一个侵权者叫卡尔·迪特默，他之前在克鲁姆尔工厂做经理，后来因为管理不善遭到了解雇。为了报复诺贝尔，迪特默公开发表声明称诺贝尔与"达纳炸药"没有任何关系，真正的发明者是他自己。迪特默的这一行为遭到了绝大多数知情者的举报，最后他不仅没有捞到任何好处，还被法院施以处罚。

但是，"巨力公司"被侵权的状况却并没有好转，他们陷入了长时间的专利纠纷中，诺贝尔甚至不得不亲自到美国帮助"巨力公司"维权。美国法庭在经过详细的审讯之后，要求诺贝尔在法庭上宣誓他完全拥有"达纳炸药"的发明权和使用权，但是在这个节骨眼上，倔强的诺贝尔却坚决不肯，他认为"达纳炸药"在开发的过程中，自己的父亲伊曼纽尔和弟弟埃米尔功不可没，这让法庭一时不知该如何是好。

竞争继续激烈地上演，"巨力公司"背后的大财阀们再也不想这场闹剧没有休止地演下去了，于是他们开始在东部地区的一场竞争中先发制人，直接将谢夫纳和他的"爆炸油公司"赶出了炸药市场。"大火药公司"则趁乱出击，将当初诺贝尔售出的硝化甘油炸药的专利权据为已有。

后来，"巨力公司"和"大火药公司"之间达成了协议，在炸药市场上正式休战；再后来，美国国内的炸药界巨头"杜邦王国"同时收购了"巨力公司"和"大火药公司"，得到了更加广阔的市场。但是，在这个过程中，诺贝尔自始至终没有参与进来，虽然他分别拥有"巨力公司"和"大火药公司"诸多股份，但是他却认为在美国这个混乱的国家，道理是永远无处可讲的。

5. 黑色印钞机

1859年，伊曼纽尔破产后回到瑞典。诺贝尔的大哥罗伯特也离开俄国前往芬兰，试图谋求更好的发展。在芬兰时，罗伯特从事过各种各样的行业，他出租过游艇，卖过陶具，但是更多的时候还是以经营煤油为生，或许是因为时运不济，罗伯特的生意一直没有什么好转。

路德维希的情况则有明显的改观，他不仅替父亲偿还了大笔的债务，还将自己的机械工厂发展得有声有色。到了19世纪70年代时，路德维希拥有了属于自己的枪炮制造厂，再加上诺贝尔提供的炸药配方，生意越做越好。为了缓解自己的压力，路德维希给罗伯特去了一封信，请他回到俄国帮助自己一起打理生意。

收到路德维希的来信后,罗伯特见生意没有什么改观,便不再勉强维持,简单地处理了一下就匆匆赶到俄国。罗伯特刚到俄国,路德维希的工厂就接到了一笔大买卖,俄军方要求路德维希的工厂提供大批的来复枪。这可难倒了路德维希,因为来复枪的枪托是由核桃木制成的,而工厂里核桃木的库存却很少。

常年在芬兰走南闯北的罗伯特可不觉得这是个难题,他对路德维希说:"我听说高加索一个叫巴库的地区盛产核桃。既然如此,那里的核桃树想必不少。我刚到俄国,工厂的事情暂时也不熟悉,不如去巴库找找看。"听了罗伯特的话,路德维希也觉得颇有道理,就让罗伯特去做这件事情了。

到了巴库,罗伯特才发现情况远没有自己想得那么乐观,这里是不缺核桃树,但是这里的核桃树并不是成片、成林的,而是七零八落地分布在各个角落。如果采购这些木材,势必付出高额的运费,罗伯特细细地算了一笔账,觉得实在有些得不偿失,也就放弃了在这里购买核桃木的计划。

心情低落的罗伯特觉得自己实在是倒霉透顶,做什么都不顺,连买木头这么简单的事情都做不好。心情不好,自然看什么都不顺眼,罗伯特心里暗暗咒骂波斯人的眼光实在太差了,竟然把这里当作自己的圣城。

早在几百年前,巴库曾经盛极一时,作为波斯人信仰的宗教圣地,这里每年都要举行盛大的拜火仪式。仪式上,宗教首领们口中念念有词，时而高诵，时而低吟。当他们将那些别人听不懂的符文念完后，他们的身后将会燃起熊熊烈火，这烈火足足有五六米高，在不添加柴火的情况下能够一直燃烧下去，教众们认为是神赐予了他们无穷无尽的光芒和能量。

俄国崛起后，沙皇东征西讨，将巴库从波斯人手里夺了过来。但是，这里到处遍布的沼泽和湖泊让沙皇提不起半点兴趣。

经过几百年的岁月后，无人经营的巴库地区变得愈发颓败和荒凉，荒原上偶尔闪耀的大火也无人问津，人们已经忘记了这里昔日的辉煌。

罗伯特赶到这里的时候恰好是一个阴天，乌云笼罩着大地，星罗棋布的湖泊和沼泽看上去像极了一双双鬼眼，不知什么时候就会喷出一阵火苗，如同鬼火一般，也难怪罗伯特会产生那样的想法。

罗伯特糟糕的心情并没有持续太久，他突然变得激动起来：他发现自己脚下所踩的这鬼蜮一般的土地，蕴藏着巨大的财富，那些黑漆漆的、时而引发野火的东西正是自己打了很多年交道的石油——如果不出意外，巴库地区的地表之下沉睡着一个可开采的油田。

为了证实自己的猜想，罗伯特在巴库四处绕来绕去，好像寻找着什么。没多久，一个破破烂烂的寺庙进入了罗伯特的视野，罗伯特连忙走了过去。寺庙里，搭建着一个简单得不能再简单的炼油篷，几个懒散的炼油工人点着煤油灯在那里闲聊，罗伯特凑上前去打听了起来。

正如罗伯特所料想的那样，巴库地区一直以来就蕴含着丰富的石油资源，但是人们似乎对这种黑色的黄金没有什么太多的兴趣。这几位工人之前为一个俄国富商工作，据说这个富商也没有多少钱，不过是将石油进行简单的冶炼，然后赚一些小钱而已。后来，土地的租用合同到期了，富商也懒得继续开发，只是时不时地派他们来运输一些石油回去。

在罗伯特的再三请求下，工人们将罗伯特带到一个开采石油的油井前。经过仔细的观察后，罗伯特认为这里的石油蕴藏量十分丰富，而且油质也非常优良，如果能够在这里兴建一座石油工厂，诺贝尔家族的前景将变得极为乐观。想到这里，罗伯特决定马上回到路德维希那里。

开采油田并不是想想那么简单，工厂的建设、设备的购买、运输渠道的修建，都将是一笔巨大的开销。所以，路德维希在知道这个消息后，觉得还是一切慎重为好。但是，从商人的角度来说，这的确是一个千载难逢的大好机会。于是，路德维希和罗伯特联名给诺贝尔去了一封信，要诺贝尔迅速到俄国商量要事。

诺贝尔到俄国后，也被罗伯特的发现打动，但是他不主张急于求成，而是主张先在俄国买一小块能够出油的田地进行研究，如果那里确实能够成功地开采出石油，到时候再做主张也不迟。就这样，罗伯特重新回到了巴库地区。

在得到充分的证实后，罗伯特和路德维希向俄国政府申请了巴库地区的石油开采权。但是，要想开采石油，仅仅靠他们三个人的力量是不够的，路德维希找来了自己在俄国地区的几个合作伙伴，与他们联合起来，成立了"诺贝尔兄弟石油公司"。

公司的总部设在了圣彼得堡，注册资本为300万卢布。公司成立初期，路德维希压上了自己的身家，所以理所当然地获得了石油公司的大多数股份。诺贝尔向石油公司提供了大量的现金支持，因此也获得了不少的股份，而罗伯特是发现石油的重要功臣，获得了与诺贝尔等额的股份，剩下的股份则由路德维希的合作者们分享。

路德维希是一个非常有魄力的企业家。但是，他有时候像其他的资本家一样过于贪婪——他总是想方设法地扩大规模，以至于石油公司在盈利之前就已经面临了资金短缺的局面。诺贝尔对路德维希的这一做法有很大的意见，两个人还一度因此而争吵过。最后，凭借诺贝尔在国际上的崇高声誉，"诺贝尔兄弟石油公司"在德国获得了巨额贷款，局面终于有所好转。

石油公司建立起来后，诺贝尔再次向世人展现了他聪明绝顶的才华。最初，石油开采出来后依靠木桶运输。诺贝尔觉得这实在是一件费心费力的事情，于是设计了一条庞大的输油管道，将巴库地区的原油通过地下管道的方式直接运送到工厂。这是世界上最早的石油输送管道，它为"诺贝尔兄弟石油公司"节约了大量的人力和物力。

作为优秀的机械设计师，路德维希也完成了一个天才发明——他设计了一艘新型的船只，这船只如同一个巨大的木桶，经过提炼的石油可以通过管道直接灌输到这只船上。路德维希给这艘船起了一个名字——"索罗阿斯特拉"号，它是现代运油船的雏形。

而罗伯特才是真正的魔术师，在公司成立后，他将自己的全部精力都投入到工厂的建设中去。巴库地区在罗伯特的经营下，从一个不毛之地变成了拥有厂房、钻井、工人的荒漠绿洲。但是，这段时间严重透支了罗伯特的健康，大大小小的事务和糟糕的环境让罗伯特的健康受到了严重的威胁。1879年，在工厂投产后的第二年，罗伯特被诊断为肺结核，他选择功成身退，回瑞典养老去了。

罗伯特离开后，路德维希不得不在石油公司和枪械制造厂之间来回奔波，虽然精力有限，但是路德维希还是努力地改善石油工人们的居住和生活环境，这为他赢得了很好的名声，人们称他是"巴库绿洲的希望"。

但是荣誉并不能代替一切，石油公司在最初成立的几年里麻烦不断，先是油轮接二连三地沉没，接着是工厂连续发生几次火灾，公司再次陷入到了资金周转不足的困境中，甚至一度处于破产的边缘。

尽管诺贝尔和路德维希在公司的发展方式上产生了严重的争执和分歧，但在路德维希陷入绝望的时候，诺贝尔还是在第一时间伸出了自己的援助之手。他向公司提供了400万法郎的短期低息贷款，并大量地买入石油公司的股票，这才使得公司的财政状况得到了好转。

经过几年的努力，"诺贝尔兄弟石油公司"终于步入正轨，它拥有了巨型运输油轮20艘，内河运输船12艘，油槽车

1500多辆，炼油厂储油面积达到了一平方英里，正式员工5000多名，临时员工上万名，一个庞大的石油帝国就此形成，它也成为了诺贝尔家族名副其实的印钞机。

6. 托拉斯帝国

当诺贝尔在商业上取得巨大的成功后，他开始根据自己的喜好来自由地支配时间。坦白地说，他并不喜欢成为企业的管理者，他更愿意潜心待在实验室中去对自己的产品进行不断地改良和创新。

在管理上面的缺失，使得诺贝尔的工厂陷入了恶性的竞争之中。一些工厂为了得到更多的利润，选择了不择手段的恶性竞争，尤其是在一些没有开办工厂的国家，这些工厂为了抢夺市场不惜彼此诋毁、倾轧。

为了彻底改变这种局面，在巴布的建议下，诺贝尔开始尝试建立一种能够协调工厂矛盾的、更加严格的组织。一开始，诺贝尔在一些国家成立几家看起来十分特别的公司，这些公司的权力凌驾于原来的有限责任公司之上，开始逐渐地接管了工厂的日常管理工作。

这种特别形式的公司最初出现在法国，当时诺贝尔在法国成立了一家"黄色炸药和化工品生产总公司"，它的总部设在巴黎，注册资本达到了300万法郎。这家公司成立后，法国的诺贝尔工厂的管理权陆续被这家公司接管。

除了在法国设立这种性质特殊的公司外，诺贝尔还在伊斯尔顿设立了一家"诺贝尔黄色炸药联合公司"——它对瑞士和意大利的工厂拥有直接的管辖权；在毕尔巴鄂建立的"西班牙黄色炸药公司"也直接统领了西班牙市场和葡萄牙市场。

但是，在处理英国和德国之间的业务时，诺贝尔却犯了难。长期以来，英国阿岱尔工厂和德国克鲁姆尔的两家工厂都是诺贝尔手中的两张王牌，他们生产的炸药销量遍布全球，所以它们的竞争也格外惨烈。但是，将两家工厂的管理权统一收回，进行集中管理，这显然是难以做到的。

为了保护英、德两家公司的利益不受到实质性的损害，诺贝尔决定根据他们各自的不同目标和销售区，设立起两家大销售网络，使他们两家互不影响和干涉。经过漫长的磨合之后，诺贝尔于1886年成立了两家托拉斯，英、德这两个多年的对头终于合并在一起。随着两个托拉斯的诞生，诺贝尔的工业帝国被打造得更加井井有条。

在托拉斯的诞生过程中，法国人巴布无疑是中坚力量；除此之外，英国人亨利·德莫森索尔，在英、德托拉斯中担任各种职务达到25年之久，可以说把英国市场和德国市场的状况摸得一清二楚。

诺贝尔去世后，一些托拉斯下属的企业产生了分散的意愿，但是英、德托拉斯却始终没有草率地分离。他们在亨利的带领下，坚持了长达25年的协议，为此两家工厂都获得了巨大的利润。

在第一次世界大战期间，英、德托拉斯在大环境的驱使下不得不遗憾地解散，它的财产被重新分给了各个国家的股东们。阿岱尔公司的股票持有者不再从德国公司那里获取利益。更让人感到遗憾的是，阿岱尔工厂从此变得面目全非，这家诺贝尔倾注了极大心血的工厂最终成为英国军队的军火库。

然而，这还不是最糟糕的，最糟糕的是英国和其他协约国的诺贝尔工厂在第一次世界大战期间联合了起来，进行各种各样的炸药研究和革新；而他们要打击的对手正是向德国和同盟国提供武器供应的其他诺贝尔公司。如果诺贝尔泉下有知，不知会有什么样的感想。

不管怎么说，诺贝尔的托拉斯形式还是给英国人带来了巨大的好处：第一次世界大战结束后，英国的诺贝尔公司联合一些更大的企业成立了"帝国化学工业有限公司"。直到这个时候，英国的诺贝尔工厂才失去了诺贝尔的痕迹。

但要说全部去除也不切实际，当时帝国化学工业公司生产了无数种产品，但是它们都出自于一个叫"诺贝尔部"的研究部门。这个部门就坐落在阿岱尔工厂的厂区内，从某种意义上来说，诺贝尔成立的托拉斯帝国在土崩瓦解后却将它发明创造的意识保留了下来。

到20世纪中叶，"帝国化学工业公司"成为英国最重要的化学品研究公司，诺贝尔在19世纪播下的种子最终成为了一棵参天大树。

除了英、德托拉斯的存在外，诺贝尔还努力地打造了另外一个托拉斯。1875年，忙于爆炸胶研发的诺贝尔将自己的工作事务交给了他亲密的伙伴巴布。巴布率先对德国和奥地利的公司进行了改组，这一改组对诺贝尔的影响非常大，它在管理方面表现出来的优势让诺贝尔对巴布更加信任。

此后，为了更加顺利地管理英、德之外的诺贝尔工厂，在诺贝尔的提议下，"诺贝尔—巴布生产总公司"诞生。它的诞生使诺贝尔工厂的企业变得更加丰厚，仅仅用了短短几年就积攒了1000万法郎的储备金。从那以后，诺贝尔在兴建新的工厂时，几乎不需要任何贷款，因为这笔储备金足够诺贝尔建立一家新的工厂了。

这段时间，诺贝尔向那些常年处于危险之中的工人们提供了不寻常的社会福利，这在当时看来是一件不可思议的事情。也正因为如此，诺贝尔工厂从来没有发生过罢工和关闭厂房的现象，甚至在一些危急时刻，诺贝尔工厂依然生产如初。

随着"诺贝尔—巴布生产总公司"的壮大，诺贝尔开始在广大的拉丁地区整合自己的工厂。在1887年，诺贝尔和巴布将法国公司设为总公司的地址，并将西班牙、葡萄牙以及瑞士和意大利的工厂管理权统统收归总公司，这一举动对发展中美和南美地区的市场起到了非常好的作用。

后来"诺贝尔—巴布生产总公司"更名为"黄色炸药中央公司"，形成英、德托拉斯之外的又一个托拉斯。巴布成为了这家托拉斯的总经理，而诺贝尔作为这家托拉斯的实际拥有者则被任命为公司的名誉董事长。诺贝尔为此还调侃巴布说："非常感谢巴布经理给了我一个如同像章一样的职位，虽然我不知道到底有什么用，但是我还是决定将它收藏起来。"

"黄色炸药中央公司"成立以后，拉丁托拉斯宣告形成，诺贝尔多年的梦想终于实现了，他从繁重的日常管理工作中退了出来，全身心地投入到他所钟爱的实验之中，即使真的有工作需要做，他也大可不必像以往那样忙碌——他只需要把亨利和巴布找来就可以了。

英、德托拉斯和拉丁托拉斯的形成为诺贝尔构建了一个庞大的工业帝国，在后来的十几年里，诺贝尔不断开设新的工厂和分支机构，但是再也没有出现类似于之前的恶性竞争，整个工作都有条不紊地进行下去。尤其是爆炸胶和混合无烟炸药诞生后，托拉斯的存在将优势发挥到了极致。

与英国公司相同，到了20世纪之后，"黄色炸药中央公司"更名为"诺贝尔法国公司"。与英国公司彻底沦为军方的武器供应地不同，法国公司开始向化学制品领域进军，并得以成功转型，而这一切与诺贝尔已经没有太多关联了。

Chapter 6

ALFRED NOBEL

第六章　旅居法国

1. 神奇的爆炸胶

伟大的发明家伊曼纽尔在失去心爱的埃米尔后,因为中风再也没有迈进自己一生都为之狂热的实验室。他仍然钟情于各种各样的发明和研究,但他的发明对普通人来说多少有些荒诞。

一次,伊曼纽尔给自己的儿子们写信说:"我发明了一种新式的棺材,在棺材上留一个呼吸管道,这样当病人处于假死状态而被安葬后了他们依然可以呼吸并寻求帮助。"诺贝尔看了父亲的信后,开始对父亲的健康状态产生忧虑。

伊曼纽尔的健康状况确实不容乐观,他一直希望孩子们能够守候在自己身边,但是这一愿望始终没有实现。

1871年圣诞节,在收到诺贝尔的礼物后,伊曼纽尔给诺贝尔写了他人生中的最后一封信:

非常感谢你寄来的礼物,它们十分高级,但是我还是更喜欢你陪在身边。和往年一样,大家都开心地聚在了一起,可是唯独缺少你。我一直在担心你的身体是否吃得消这样高强度的工作,你曾经是那么的弱不禁风,现在却在为让我们安享晚年而如此辛劳。希望你不要勉强自己。

1872年,伊曼纽尔的身体变得更加虚弱不堪,在欧洲流浪的诺贝尔经常回来探望父亲，但是，他每次待在这里的时间都很短，因为他实在太忙碌了，毕竟他是一个在全世界都有工厂的发明家。

8月底，诺贝尔接到母亲的通知从国外返回瑞典。在他回到家后没几天，伊曼纽尔就静静地离开了人世。在他人生的71年里，他做出的贡献是超乎人们想象的。

虽然伊曼纽尔生前与诺贝尔产生过无数的争执和辩论，但是诺贝尔身上毕竟流着伊曼纽尔的血。在很长一段时间里，诺贝尔无法让自己平静下来，他始终难以忘怀父亲在过去的几十年里对他的影响——坦诚地说，正是伊曼纽尔的执著、勇气鼓舞着他走向了成功。

伊曼纽尔去世的几个月后，为了平息自己内心的波澜，诺贝尔决定前往法国定居一段时间，他一直以来都被法国巴黎的浪漫气息所吸引。

1873年，诺贝尔结束了长达七年的克鲁姆尔生活，前往巴黎定居。与第一次到巴黎不同，这个时候的诺贝尔已经是40多岁的超级富翁了。他不用孤独地待在小旅馆里备受煎熬，也不用辗转反侧地思考自己的前途。

到达巴黎后，诺贝尔马上在巴黎的上流社区马拉可夫大街53号买了一栋漂亮的小别墅，这一次他准备长期地在这里住下来。买下这座别墅后，诺贝尔请来一些知名的建筑设计师，让他们按照自己的喜好进行了一番装修。当诺贝尔住进这栋别墅的时候，这里有了雅致的会客厅、充满兰花香味的花房、设备精良的小实验室、种满各种花卉的花园，最让诺贝尔满意的是别墅外的一个马厩和停在那里的一辆漂亮马车。

有了良好的居住条件，诺贝尔开始寻思着寻找一名私人助手，他不可能永远像20岁的小伙子那样忙碌了。于是，年轻的法国化学家乔治·弗伦巴克进入了诺贝尔的视野，在此后18年里，弗伦巴克成为诺贝尔最忠实的伙伴和助手，而诺贝尔也开始了他人生中最重要的18年。

"达纳炸药"的巨大成功没有让诺贝尔忘乎所以，他从一些实业家朋友那里得知，"达纳炸药"在一些矿区和工地上并不普及，因为与"诺贝尔炸药"相比，"达纳炸药"的爆破性能多少有些不足，对于那些沉醉于淘金热的矿主们来说，他们更愿意冒险使用"诺贝尔炸药"。

关于"达纳炸药"在爆破性能方面的缺点，诺贝尔从一开始就知道：当硅藻土将容易爆炸的硝化甘油固态化后，硝化甘油的爆炸能力也随之降低。但是，鉴于"达纳炸药"在安全方面的卓越表现，在它刚刚上市的时候就表现出了极大的竞争力。

随着时间的推移，人们对炸药的要求开始提升，他们希望一种安全且爆破能力突出的炸药能够生产出来，很多化学家为此而开始了积极的尝试。一些国家的技术人员想到了一种补救的方法，他们用碳氢化合物和含氧物质构成一种有吸收性的混合物来代替硅藻土，这种炸药被称之为"活性剂炸药"。

"活性剂炸药"曾经广泛地在美国和英国使用，但是诺贝尔却对它不屑一顾，因为早在1862年，父亲伊曼纽尔在设法解决硝化甘油和黑色炸药的问题时就曾经使用过这种方法，效果并不是非常理想。

到达法国后,逐渐从伤痛中走出来的诺贝尔决定解决"达纳炸药"爆破能力不足的问题。他告诉自己刚刚上任的助手,他在努力寻求一种安全的爆破能力与硝化甘油相差无几的炸药。从那以后,诺贝尔开始深居简出,长时间地待在实验室里寻求突破。

一天夜里,诺贝尔独自一人待在实验室里准备进行实验。不巧的是,在实验开始前,一把玻璃刀深深地刺入了自己的手指之中,诺贝尔赶忙将身边准备实验用的火棉敷在手上。虽然伤势不是很重,但是钻心的疼痛让他不得不提前离开实验室。

回到卧室后,疼痛的手指让诺贝尔久久不能入眠。于是,诺贝尔躺在自己舒适的大床上,像过电影一般回想自己在实验中遇到的问题。诺贝尔遇到的最大问题是如何将火棉和硝化甘油结合在一起。这样做的好处是,既可以使硝化甘油以固态形式存在,又可以代替钝性的硅藻土。想来想去,诺贝尔一拍脑门:为什么不用一种硝化程度低的火棉来试一试呢?于是,诺贝尔连忙起身回到实验室。

第二天一早,弗伦巴克刚刚来到实验室,诺贝尔就兴奋地指着实验桌上的硝棉胶喊道:"就是它,就是它!"诺贝尔的举动让弗伦巴克不知所措,他不明白发生了什么,以至于平日里一贯冷静的诺贝尔竟然如此兴奋。

弗伦巴克很快就明白了一切,他为诺贝尔的天才发现所折服,因为诺贝尔用硝棉胶将当时两种威力最大的炸药——石棉和硝化甘油结合了起来。

为了验证这次试验的有效性，诺贝尔和弗伦巴克冒着巨大的生命危险先后进行了250多次实验。此后，又利用利德伯克制造的仪器，在诺贝尔的四家主要工厂进行了大规模的实验。在确保万无一失后，诺贝尔才开始着手解决专利权的问题，一种新的炸药——爆炸胶就这样诞生了。

就像偶然发现硅藻土具有吸附硝化甘油的能力一样，媒体在报道爆炸胶的发明过程时轻描淡写地说道：诺贝尔不小心将手中的硝棉胶溶液滴入硝化甘油中，结果那滴硝棉胶溶液在进入硝化甘油后迅速凝固成一种胶状物，爆炸胶就这样诞生了。

对于这种说法，诺贝尔多少有些无奈：浪漫的城市总会有一些浪漫的故事，媒体永远不知道一个炸弹专家每天在实验室里所面临的巨大压力和危险，即便知道了，他们也不会那样去报道，因为对于普通的大众来说，枯燥、乏味的实验故事永远不会引起他们的兴趣。

爆炸胶的问世再次轰动了炸药行业，因为这种新型的炸药无论从哪方面来说都是趋近于完美的，它的爆炸力比纯硝化甘油还要大，具备较高的安全性，有着强劲的抗潮抗水能力，最重要的是与其他炸药相比，它的生产成本更低。

这种新型炸药很快就在炸药市场上风靡起来，不过与以往不同，这个产品在推向市场时有着各种各样的名号——"特快黄色炸药"、"撒克逊人炸药"、"诺贝尔特号黄色炸药"，而且在不同的市场上，它还有着不同的名字。但不管是哪种名字，在接下来的几十年，爆炸胶都占据了炸药市场上销售榜的头名。

略有不足的是，在爆炸胶诞生之后，英国政府像他们之前迟迟不肯批准"达纳炸药"进入一样，一直不允许阿岱尔工厂生产爆炸胶。直到1884年，一直与诺贝尔不合的艾贝尔公开宣称"爆炸胶是已知炸药中在各方面表现都近乎完美的产品"，英国政府才将一张准许完全制造的许可证颁发给阿岱尔工厂。

就在诺贝尔踌躇满志地准备乘胜追击、大干一番的时候，他却遇到了一位给他后半生带来巨大影响的女人。

2. 伟大的友谊

被肺结核残酷地夺走女友后，诺贝尔一直没有恋爱，他如同一个流浪汉般在世界各地打理着自己的生意。即使偶有闲暇，他也不解风情地待在汉堡和巴黎的实验室里。但是，这一点都不影响他的魅力，很多上流社会的女性以与这位知名的科学家和企业家聊天为荣。

为了应付这些有教养的聪明女人们，诺贝尔不得不花费很多时间来给她们回信。虽然这个时候他已经有了弗伦巴克这个助手，但是在私生活方面弗伦巴克却一点忙都帮不上。

诺贝尔开始感觉到身边有一个女人是多么重要，她不仅

Chapter 6　第六章　旅居法国

能够帮助自己抵挡这些没完没了的来信,说不定还能够帮自己复写一些私人的账目,如果要是能顺便照顾一下自己的生活起居,那就再好不过了。于是,在1876年,诺贝尔在报纸上刊登了一则广告:

居住在巴黎的一名有着较高修养的、富有的老人,欲雇一名精通多国语言的成年女士做秘书兼管家。

这份广告发布后没有多久,就引起了一名叫贝尔塔·冯·苏特纳的女子的注意。贝尔塔出生于奥地利的一个贵族家庭,她的父亲曾经是奥地利功勋卓著的大将军,但是在她出生以前,父亲就离开了人世。

贝尔塔刚刚出生时,这个贵族家庭还能保持表面上的风光,因此贝尔塔在幼年时接受了非常良好的教育,能够同时用多个国家的语言与人交流。贝尔塔稍长几岁后,家道开始衰落,她不得不早早地踏入社会自谋活路。

30岁那一年,贝尔塔凭借自己的优秀素质被冯·苏特纳家族看中,到这个家族中做了一名家庭教师。在教书的那段时间里,贝尔塔与比她小七岁的阿瑟·冯·苏特纳产生了一段恋情,并且私订了终身。阿瑟的母亲知道这件事后,勃然大怒,极力反对这门婚事。一开始,贝尔塔以为是自己的年龄导致了阿瑟母亲的反对,后来才得知主要原因是自己的嫁妆太少。

贝尔塔一直都过着自立自强的生活,但是家教工作显然不能为她提供稳定的生活。在看到诺贝尔的招聘广告后,贝尔塔暗自思忖自己符合广告中的所有条件,所以她决定寄去一封应聘的信件。

没多久,贝尔塔就收到了一封英文来信。贝尔塔心想,这或许是雇主在考验自己的英语水平,这一点都难不倒她。这位雇主在信中说,他有一个非常不稳定的工作,时常飘忽不定地游走在各个国家,如果做他的管家,需要管理很多琐碎的小事等等。贝尔塔认为这些都不是问题,她将自己的一些简单想法用英文写了下来,给雇主回了一封信件。

一来二去,诺贝尔和贝尔塔先后交换了几封信件,彼此都留下了非常好的印象。在贝尔塔看来,自己的雇主可能是一位思维敏捷、头脑灵活而且语言十分诙谐的老人。如果不出意外,他是一个懂得俄语、法语、英语、德语等多种语言的瑞典人。

诺贝尔对贝尔塔也是十分满意的,因此在经过几次信件交流后,诺贝尔就将一些工作事宜以及报酬标准告诉了她,并在信中希望贝尔塔能够尽早到任。而贝尔塔在这个时候仍然不知道自己的雇主是诺贝尔,她甚至有些担心地想,这位诙谐的老人会不会老得连路都走不动。

贝尔塔一到巴黎,就受到了弗伦巴克的热情款待,在经

Chapter 6 第六章 旅居法国

过简单的寒暄后，贝尔塔被安排到了离诺贝尔住处不远的一家旅馆。后来，贝尔塔搬进诺贝尔豪宅的时候，不禁大吃了一惊，因为广告上那位自称"老人"的人一点都不老，相反他正值壮年，也就是在这个时候，贝尔塔才知道自己的雇主就是大名鼎鼎的炸药大王诺贝尔。

经过短暂的相处之后，诺贝尔被眼前这个端庄、聪慧的女子所吸引，她不仅能够流利地讲四种语言，而且还爱好音乐、文学，有着非常良好的文化修养。诺贝尔像遇到了一位知心的朋友一样，在实验的间隙会与她一起讨论世界与人类、生命与艺术等话题。而贝尔塔显然不是那种俗不可耐的女子，她总是能够响应诺贝尔，并提出一些自己的观点。

诺贝尔认为人类始终处于愚昧和懵懂的状态中，正是这种状态，使得人们不知道自己究竟在追求什么，这才导致了无休止的战争和自相残杀。他希望自己能够发明出一种炸药，在它爆炸后能让人类变得友善和高尚。

贝尔塔对诺贝尔的话题给予了热烈的回应。作为一个接受过良好教育的女性，贝尔塔对自然科学以及哲学都有着非常独到的见解，而且与诺贝尔相同，贝尔塔也是一位和平主义的渴望者，两个人有着十分相似的人生观和世界观。

在很短的时间内诺贝尔与贝尔塔就成为了无话不说的好朋友，他们的关系远远超出了雇主和管家之间的雇佣关系。但是，这种友好的关系并没有持续太久——一个星期后，瑞典国王将诺贝尔召回瑞典，而贝尔塔则接二连三地收到丈夫的来信。

阿瑟在信件中将自己对贝尔塔的爱毫不保留地表达了出来，他说贝尔塔离开的这段时间，自己过着生不如死的生活；如果贝尔塔依然不肯回去，那他宁愿一死。看着爱人在信中的海誓山盟，贝尔塔不等诺贝尔归来，就将自己的首饰全部变卖掉，匆匆忙忙赶回了奥地利。

贝尔塔的离去让诺贝尔十分失望，但是早已成熟起来的诺贝尔已经能够很好地处理这种离愁别绪，他不愿意让自己的这位好友有任何的勉强与不快，既然她做出了自认为正确的选择，那自己就应该给予她最真诚的祝福。

贝尔塔离开初期，诺贝尔偶尔也会写一些信件给她，但是很快诺贝尔就重新陷入与以往一样忙碌的生活，没多久两个人就再无书信来往。在诺贝尔看来，他们二人之间恐怕再也不会有交集了。

1887年，诺贝尔在家中迎来了两位陌生的客人。当其中的一位女性客人说出自己的名字时，年过半百的诺贝尔脸上露出了孩童般的笑容。这位女性客人不是别人，正是为诺贝尔工作了一个星期的贝尔塔，与她一同前来的是她的丈夫阿瑟。

这次见面后，诺贝尔与贝尔塔重新开始了书信来往，虽然有十多年没有联系，但是两个人还是像之前一样默契，他们在书信中所讨论的内容依然与世界和平有关。贝尔塔还告诉诺贝尔，自己正在创作书稿《放下武器》，诺贝尔则对书稿内容提出了一些建设性的意见。

1892年，瑞士伯尔尼召开世界和平大会，作为维也纳"和平之友协会"的创始人和世界和平大会领导会的成员，贝

Chapter 6　第六章　旅居法国

尔塔向诺贝尔发出了热情的邀请，希望自己的这位老朋友能够亲身参与到世界和平的建设中来。诺贝尔应邀前往。

会议上，诺贝尔并没有公开自己的身份，在贝尔塔的安排下，他以旁观者的身份听取了代表们慷慨、富有激情的讨论。这些讨论让诺贝尔的思想受到了极大的震撼。会后，诺贝尔向贝尔塔夫妇发出了邀请，请求他们在会议结束后到苏黎世的一艘游艇上进行深入的交流。

诺贝尔当时在世界上有着十分特殊的地位，他既是世界闻名的科学家，又是炸药的发明者和制造者，他的产品被直接应用到了战争之中。所以，如果能够争取到诺贝尔对于和平事业的支持，那必将是国际和平组织的一大胜利。

在苏黎世湖的游艇上，贝尔塔向诺贝尔阐述了自己反对战争、追求和平的思想以及她所设想的一切和平方案。诺贝尔听过之后深有感触，他对和平事业有了更深的认识，也开始认真严肃地思考起人类未来的命运。

1893年1月，诺贝尔给贝尔塔写了一封长信，在这封信里，诺贝尔向贝尔塔诉说了自己渴望参与和平事业的一些想法，并第一次提出了关于设立诺贝尔和平奖的想法：

> 我想用我的一部分财产建设一种和平基金，每五年颁发一次（预计会颁发六次左右，因为现行的改革体制我认为只会坚持30年，到那时我们可能又要重新回到起点）。这些奖金可以授予那些一直以来都在为推进欧洲和平进程而做出突出贡献的男性或者女性。
>
> 关于你所说的和平仲裁委员会，我认为根本没有

必要存在，因为战争是迅速的，而仲裁的程序却极其缓慢，而且国家与国家之间没有必要施行强迫仲裁。我的意思是，如果在一个更大的区域内，大家一起反对那些率先发起战争的侵略者，我想战争就将会被制止。

在贝尔塔的影响下，诺贝尔和平奖的轮廓在诺贝尔的脑海中渐渐清晰，而贝尔塔也在诺贝尔逝世后成为第一个获得诺贝尔和平奖的女性。

在法国期间，诺贝尔认识了很多女性朋友，但是从来没有哪一位像贝尔塔那样了解他，有的女人甚至从来都不想成为诺贝尔真正的朋友，也不想去了解诺贝尔的内心所想，她们关注的只是诺贝尔口袋里的钱。

3. 可怜的爱情

贝尔塔的突然离开，让诺贝尔再次回到了"大男子"的世界中，每日和弗伦巴克面面相觑。但是，诺贝尔早已习惯了这样的生活，他并没有为此感到孤独，反而总是能够在实验中迸发激情。虽然诺贝尔对感情没有奢望，但是它还是如同第一次时那样不期而至了。

1876年下半年，诺贝尔从法国出发前往奥地利等国进行商业性质的旅行。当他到达维也纳的巴登地区时，一位当地的朋友盛情地邀请诺贝尔去家中做客，行程并不是很紧张的诺贝尔欣然应允。在前往这位好友家之前,诺贝尔想精心准备一份礼物送给友人的太太——在他看来,鲜花是必不可少的。

游走在维也纳街头,诺贝尔迟迟没有买到令自己满意的鲜花,就在他备感失望的时候,一位身穿白衣的卖花女子飘然来到他的身边,向他推荐起自己的鲜花。看到这位卖花女子后,诺贝尔为之一愣,他没有被她手中的鲜花吸引,反而是将目光更多地停留在她姣好的面容上。

诺贝尔主动与卖花女攀谈了起来。通过谈话,他知道这名卖花女子名叫索菲亚,她的父亲是一个下等工人,收入微薄,以至于自己的家庭生活十分穷困。为了贴补一些家用,年轻的索菲亚走上街头,成为一名卖花女郎。

索菲亚的故事让诺贝尔十分感慨,他不由得想起自己凄苦的童年往事。诺贝尔决定帮助贫困的索菲亚,让她走出生活的困局。于是,在接下来的一段时间里,诺贝尔频频地与索菲亚联系,并给予她一定物质上的帮助。

由于对索菲亚有着不同寻常的感情,诺贝尔在回到法国后依然与索菲亚保持联系,有时候甚至主动去维也纳探望索菲亚。如果时间不是很充裕,诺贝尔就会为索菲亚写一封长长的信。这样的关系维持了很长一段时间后,诺贝尔决定将索菲亚接到巴黎。

诺贝尔将自己的打算在信中告诉了索菲亚,并要她尽快地学习和掌握法语——这样,当她来到法国后,才能接受更加良好的教育。索菲亚则一刻都不想耽搁,她早已厌倦了在街头奔走、忙碌的生活。

在索菲亚的执意请求下，诺贝尔早早地将她接到了巴黎，并在这里为她租住了一套还算不错的公寓。在这里，索菲亚完全不用为生活担忧，更不必重拾旧业卖花度日，因为诺贝尔会定期为她提供一笔不菲的生活费用。诺贝尔的本意是希望索菲亚能够安然度日，并用这些钱来学习一些东西。

现实和理想总会有差距，索菲亚的脾气总是喜怒无常。在她的眼里，这个世界上的一切都是简单的，她喜欢将人分为自负的、凶狠的、自以为是的、懒散的，而她却忽略了一个重要事实，那就是这些特质她全部兼而有之。

诺贝尔没有嗔怪她。在他看来，在那种家庭环境下成长起来的女孩子有些古怪的脾气是可以接受的，毕竟她从来没有接受过教育；相反，诺贝尔还认为索菲亚身上有很多别人所不具备的优点，那就是她直率、坦诚，从不掩饰自己的想法，与那些贵妇们的矫揉造作相比，这实在是自然美。

当然，她有时候也会使诺贝尔陷入尴尬之中。比如：她总是毫无顾忌地在诺贝尔的两个哥哥面前发表言论。对于长期处于上流社会的罗伯特和路德维希而言，一个言语粗俗、行为鲁莽的女子实在有些难入大雅之堂。尤其是当她大声斥责自己的两位兄长时，诺贝尔总会觉得无比难为情。

但是，更多的时候，诺贝尔还是觉得自己的生活因为索菲亚的到来而变得丰富多彩了起来，他仿佛一下子年轻了十几岁，每天都是容光焕发的模样，甚至连走路都变得轻盈了很多。弗伦巴克对诺贝尔的这种转变感触最深，因为有时候诺贝尔甚至会哼着欢快的小曲儿操作实验。

天气晴朗的时候，诺贝尔会积极地为索菲亚出谋划策，告诉她穿什么更能衬托出她美好的身材，然后带着索菲亚去巴黎的郊外尽情地享受这美好的一天。

对于索菲亚的感情，诺贝尔有时会陷入到迷茫之中。一次，索菲亚身染疾病，为了鼓励她尽快养好自己的身体，诺贝尔答应她会在一个恰当的机会带她回斯德哥尔摩。这让索菲亚异常开心，因为这就意味着她将成为诺贝尔太太的正式人选。然而，这次约定最终也未能成行。

之所以没有将索菲亚介绍给自己的母亲，是因为诺贝尔知道索菲亚不可能让母亲满意。他的母亲一直希望他能够找一名上流社会的、懂得礼仪的女士做太太，而这些东西在索菲亚身上完全没有半点影子——虽然他曾经想方设法地要求索菲亚去学习这些东西。

还有一个重要原因是，索菲亚显然不会成为一个贤惠的妻子。在她来到巴黎后，她变得十分大手大脚——还好诺贝尔有着足够雄厚的经济实力。也正是这一点，让诺贝尔颇为不悦，他希望自己的妻子是一个像母亲一样的持家女人，在他看来，这样的女人才能成为自己的坚强后盾。

有了这方面的想法后，诺贝尔开始有意无意地与索菲亚疏远距离。他甚至在一封书信中表达了自己的这一观点，要索菲亚尽早找一个年轻的伴侣。可是，身陷爱情的诺贝尔往往不能在感情方面保持足够冷静，每当见到索菲亚的时候，他就会忘记索菲亚给自己带来的困扰，重新对她报以热烈的爱。

诺贝尔的反复无常让索菲亚陷入了痛苦之中，而且她逐渐地对巴黎的生活厌倦了，这里虽然有豪华的生活，但是她却始终无法融入到诺贝尔的生活圈子中。她对法语仍然一窍不通，每次诺贝尔携带她参加社交活动的时候，她都感觉自己更像一个局外人。每次，她不得不装腔作势地挤出一丝微笑来迎合别人，这种惺惺作态的举动让她感到十分的厌恶。

就在索菲亚想方设法准备逃离巴黎的时候，她的妹妹给她带来了一个好消息，在伊斯基尔有一栋豪宅正在出租，这栋豪宅里有15个房间，还有一个非常大的花园，环境也十分优越。在听了妹妹的介绍后，索菲亚决定前往伊斯基尔。

在之后的十几年，索菲亚一直居住在这里，诺贝尔则会在百忙之中抽出时间赶到这里陪伴她。为了防范别人的闲言碎语，诺贝尔还与索菲亚假扮成夫妻，以至于后来诺贝尔甚至在书信中习惯性地称呼索菲亚为"诺贝尔太太"。

对于自己的新身份，索菲亚十分的满意，她急于将这个身份告诉别人。所以，不论是给谁写信，也不管书信的内容如何糟糕，索菲亚都会在落款处优雅地写上"索菲亚·诺贝尔"或者"诺贝尔太太"。

索菲亚的行为给诺贝尔带来巨大的困扰，人们简直不敢相信赫赫有名的炸药大王竟然娶了一个如此粗俗不堪、只懂得享受的女人。一些人甚至主动地向诺贝尔打听起此事，这让诺贝尔在众人面前尴尬不已。

这段糟糕的爱情持续了很长的时间，但是诺贝尔一无所获，索菲亚最后嫁给了一个匈牙利出生的贵族骑士。但是，这次爱情更像是一场骗局，索菲亚并没有和这位骑士待在一起，他们只是不停地分别向诺贝尔索取钱财，而诺贝尔依然慷慨地给予了索菲亚一定程度的帮助，因为在诺贝尔眼里，索菲亚一直是一个"可怜的姑娘"。

诺贝尔去世后，索菲亚陷入破产的边缘。早已料到这一天的诺贝尔在维也纳的一家银行抵押了15万弗罗林，他这样做的目的是让索菲亚能够在没有自己资助的日子里依然可以每个月从银行里得到500弗罗林的收入。

可是，索菲亚并不是一个会被轻易打动的人，贪婪的个性和对物质生活没有止境的欲望让她开始打起了诺贝尔遗物的主意。她通过自己的律师向诺贝尔的遗嘱执行人索尔曼提出给予帮助的要求，理由是在过去十几年，自己是诺贝尔唯一承认过的妻子，诺贝尔写给自己的信可以证明这一点。

最初，索尔曼拒绝向索菲亚提供遗嘱以外的帮助，但是他却遭到了索菲亚的威胁。索菲亚声称，如果索尔曼不能满足她在物质上的要求，她将把诺贝尔写给她的所有信件公之于众，如果这些信件能够为她换来金钱，她也会不假思索地将它们拍卖掉。

当时，索尔曼正忙于和诺贝尔家族处理遗产纠纷，为了避免这些信件给诺贝尔的名声造成不必要的损害，索尔曼抱着息事宁人的态度与索菲亚进行了谈判。最后，在索菲亚交还了216封诺贝尔写给她的原始信件、一封电报和一张诺贝尔的肖像，并立下不做任何有损诺贝尔形象的保证后，索尔曼代替索菲亚偿还了她高达1.2万弗罗林的债务。

诺贝尔的一生可谓是天才的一生，但是他在处理感情问题上却如同一个善良的白痴，如果他能遇到一个像贝尔塔一样的终身伴侣，那诺贝尔的人生结局恐怕就是另外一番模样了。

4. 炸药革新

伊曼纽尔在世时，就钟情于各种火药的研究，他将一些老式火药进行了改进，然后将它们填塞到自己研制的地雷中。这一创造性的举动为他在俄国赢得了很多的利益。诺贝尔继承了父亲对火药的热爱，从"诺贝尔炸药"到"达纳炸药"，他从来没有放弃对火药的革新和研究。

到19世纪80年代，欧洲各国政府已经不满足于"达纳炸药"带来的安全性能，他们开始寻求一种威力更大、冒烟更少的军用火药。为此，英、德、法等国先后投入了大量的人力和物力进行研究，很多化学家提出了一些崭新的观点，但在实际的操作和应用中却没有取得明显的进展。

由于爆炸胶的发明，诺贝尔在炸弹行业成为当之无愧的行业领袖。为了尽快进行炸药的革新，在一些政府的推动下，关于炸药的研究会议此起彼伏。诺贝尔作为嘉宾，时常被各个国家的科学家们邀请，进行相关方面的讲座。

1875年，在伦敦的一次演讲中，诺贝尔总结道："老式火药虽然威力很小，但是它有一种难能可贵的优点，那就是它具备非常优异的伸缩性。当我们将它埋在地下时，它就只会向人们展现它的爆炸力，而不是同样擅长的推进力；可是当你将它用于枪膛之中时，正如大家所知道的那样，它的推进力是让人惊讶的，而爆炸力却表现一般；在做烟火的导火索时，它的表现同样令人敬佩，因为它总是不急于点燃烟火，而且还不会引发爆炸。可以说，老式火药像一位无所不能的女仆，她总是能够胜任各种各样的工作，虽然她缺乏某一方面的特长。

1875年以后，"达纳炸药"在市场上保持着巨大的领先优势，但是它在爆炸时散发出的烟雾却让诺贝尔不甚满意。在经过长时间思量后，诺贝尔开始根据老式炸药的种种优良特性，对新式火药进行革新，他要找出一种新式的无烟火药，以满足不断变化的火药市场。

1879年，诺贝尔在巴黎郊外的塞夫朗—利夫里实验室开始进行无烟火药的研究。与别人的研究方式不同，诺贝尔将自己的目光盯在了塞璐珞上。赛璐珞是一种日常生活中非常常见的化学物质，它是由含氮量低的硝酸纤维素和樟脑之类的增塑剂，经加工而制成的塑料。乒乓球和一些塑料玩具制品都是由它制作而成的。

研究初期，诺贝尔认为硝化棉是赛璐珞能够燃烧的重要原因。但是，由于赛璐珞中含有一定量的增塑剂——樟脑，这在一定程度上延缓了赛璐珞的燃烧速度。因此，赛璐珞无法满足子弹所需求的推动力。

想到这里后，诺贝尔开始考虑是否可以用硝化甘油代替赛璐珞中的樟脑成分，因为与樟脑相比，硝化甘油的活性要强很多。如果这样一种赛璐珞被发明出来，那它必将具备巨大的优势，从而代替黑色火药。将它装填在子弹之中，它就会满足子弹在前进过程中所需要的推动力。

但是，这仅仅是诺贝尔的设想，在接下来的一段时间里，诺贝尔进行反复的实验。结果表明，这种新型赛璐珞比黑色火药具有更多的优点。它不仅能够产生非常强大的推动力，而且在爆破的过程中几乎不会留下任何沉渣，这就意味着将它应用到炸药中时，一种没有烟雾的炸弹就会产生。

在接下来长达8年的时间里，诺贝尔反复实验、反复推敲。在经历了一次又一次的失败后，他终于找到了一种比较稳定的比例形式。他将同等分量的硝化甘油和可溶性硝化棉混合在一起，然后再加上10%的樟脑，就形成了一种新式的炸药。

与"达纳炸药"相比，这种新式炸药的爆破威力同样让人惊叹，但是它在爆炸的时候却不会产生任何烟雾，于是诺贝尔将这种炸药称之为混合无烟炸药或者"C.89"。

与爆炸胶相比，混合无烟炸药被认为是诺贝尔一生中最杰出的代表作，因为它将两种各具高爆性质的炸药巧妙地结合在一起，形成了一种完全新型的炸药。

其实，从严格意义上来说，它甚至称不上是炸药，因为它可以在各种环境下保持足够的安静，甚至可以在热气下压制成条绳、管筒和其他形状，这让一些专业人士都觉得不可思议，当他们发现这一切在眼前变成现实后，所有人都变得瞠目结舌、说不出话来。

这项发明在各国军方引起了轰动，他们都对这种炸药表现出了浓厚的兴趣，因为他们害怕这种炸药一旦投放到市场中，将会让自己国家的战斗力变弱——要知道，一种真正的无烟炸药会引起战术的根本性变革。

但是，无烟炸药在问世后并没有给诺贝尔带来太多的利润，相反还拉开了诺贝尔苦难的序幕。他先是因为无烟炸药被法国政府栽赃陷害，然后被驱逐出境，接着又被英国政府强行卷入到一场令人沮丧的诉讼案中。

1888年，为了寻找无烟火药的生产方法，英国政府成立了一个专门的火药委员会，并任命诺贝尔的老对手艾贝尔为这个委员会的负责人，在这个委员会里还有一位艾贝尔教授的好友——苏格兰著名的物理学家迪尤尔教授。

委员会成立后，艾贝尔向诺贝尔展示了自己的亲和性。在接下来的一年里，艾贝尔经常与迪尤尔在私下接触诺贝尔；而诺贝尔出于对这种政府机构的信任，将自己的发明资料和生产方法展现给二人。

然而，让诺贝尔始料未及的是，艾贝尔和迪尤尔竟然无耻地在自己的配方上作出了轻微的改动，将原来的配方改为：58%的硝化甘油，37%的硝化棉，5%的凡士林，再用易挥发的溶剂丙酮，制成胶状物质。由于这种胶状物可以加压成条状，所以他们将它称之为"线状无烟火药"。

为了让自己的发明得到认可，艾贝尔和迪尤尔背着诺贝尔在英国和其他国家申请了专利权，并且将这些专利权移交给英国，而外国军火商进行生产时，艾贝尔和迪尤尔却可以从中获得巨额的利润。

更让人感到可气的是，出于保护艾贝尔和英国的声誉的目的，这项专利权一直以涉嫌国防机密为由没有对外公开。直到英国"达纳炸药有限公司"向英国政府提供无烟炸药时，英国政府和艾贝尔的丑陋行径才开始浮出水面。

诺贝尔被艾贝尔的这种行为深深激怒了，同样被激怒的还有英国达纳炸药公司，尤其是后者先后多次向英国政府提出抗议。在无法得到满意答复的情况下，英国达纳炸药公司将艾贝尔告上了法庭。诺贝尔早知这件事不会有任何结果，但还是被卷入到这场专利权的斗争中来。

这个案件一经披露，英国新闻界为之哗然，他们没有想到国家委员会竟然能干出如此鸡鸣狗盗的事情来。一时间，英国上下舆论沸腾。可是即便这样，所有的法庭还是都驳回了英国达纳公司和诺贝尔提出的索赔要求，而且还要原告支付高达3万英镑的诉讼费。

英国政府坚持认为，诺贝尔配方中的硝化棉是可溶性的，而被告艾贝尔的配方中所使用的原料是比诺贝尔更加先进的不可溶性硝化棉，所以这是一项前所未有的创举，获得专利权是理所当然的。

法院在判决的通知书上声称，诺贝尔在申请专利权时，并没有注明包括采用"不溶性"硝化棉在内。可是，诺贝尔清清楚楚地记得，自己曾经在法庭上明白无误地告诉各位法官，"不溶性"硝化棉在一定条件下也可以转变为"可溶性"。

这场诉讼到最后完全成了一场闹剧，政府想方设法为艾贝尔开脱他身上的罪名已经成为众所周知的事情,但是所有人都对此无可奈何。

上诉法院的麦凯法官对此案的判决发表了自己的看法:"必须承认当一个身心残疾的矮子爬上巨人的肩头时,他将获得比巨人更加广阔的视野。既然如此,我们能给予巨人的只有同情。诺贝尔先生做出了一项伟大的发明,无论是从创新性还是唯一性来说都是独一无二的,但是被两个有修养的绅士窃取了。他们根据自己良好的学识对这件产品略加改动,于是在他们看来,另一个新的事物诞生了。这从我个人的角度来说,的确是一件令人啼笑皆非的荒谬事情。"

这件事情发生后,很多知名人士和炸药专家对英国政府和国防部都提出了严厉的批评。但是,诺贝尔却一无所获——他收获的只有一颗疲惫的心。

晚年在创作喜剧《专利杆菌》时,诺贝尔将自己在英国法庭上所目睹的一切写了进去:

> 正义之神一直以来都有一双瘫痪的双腿,因此而导致他行动起来总是十分的迟钝。如今,他又被人们在脑门上重重一击,于是连起码的头脑也被击毁了。有时候,他实在是一个令人厌恶的疯子。我不会计较我失去多少,但是我却无法忘记那些极其令人鄙视的卑劣行径。

无烟火药被发明出来后的十几年里,欧洲各国纷纷向诺贝尔购买了这种炸药的专利权,英国政府则悄无声息地向诺贝尔支付了一大笔生产红利。

在一片喧嚣声中，诺贝尔拖着疲惫的身体离开了他待了18年之久的法国。当初他刚刚来到这里的时候，满怀憧憬和希望，可是在他离开时，陪伴他的只有辱骂和一场毫无意义的无聊官司。诺贝尔就这样带着沉重的行囊走向了自己人生的暮年。

Chapter 7

ALFRED
NOBEL

第七章　英雄迟暮

1. 生死别离

1888年4月15日，诺贝尔没有像往常那样直接钻进自己的实验室里，而是静静地坐在了自己的餐桌前，他希望独自享受一些安静的时光。可是，当看到放在餐桌上的报纸时，诺贝尔原本平静的心情再次变得一塌糊涂，因为报纸上赫然写着"军火商诺贝尔的葬礼"。

诺贝尔之所以激动不是因为报纸上写了自己的名号，而是想起了自己刚刚去世的哥哥路德维希。对于诺贝尔来说，自己的两个哥哥对他意味着太多。在他还年幼的时候，因为家庭贫困，哥哥们总是舍不得吃他们口袋中的食物，而是节省下来送给自己，那时候的一幕幕仿佛就在眼前。

第一次去俄国时，罗伯特并没有一路随行，身体单薄的诺贝尔在游船上吐得一塌糊涂，路德维希和母亲始终陪伴在他左右，没有离开一步，那个时候诺贝尔总是认为自己是一个废人，要牵连自己的兄弟。

后来父亲破产，当这个家庭变得风雨飘摇的时候，是自己的这位哥哥扛起了全家的重担。那个时候，诺贝尔时常在想一件事，那就是诺贝尔家族的所有人都应该对路德维希说一声"谢谢"。

不过，路德维希似乎并不需要全家的感谢，上帝给他带来足够的好运。在诺贝尔看来，兄弟三人中，路德维希的生活是最快乐的，他不仅有一个漂亮的妻子，还有惹人怜爱的孩子，每当他参加家庭聚餐看到路德维希幸福的一家时，心里都会由衷地羡慕哥哥的美满生活。

　　成长中的烦恼总是要不期而遇，当诺贝尔也成为一名成功的实业家后，兄弟三人见面的次数变得十分稀少，每次圣诞节来临的时候，诺贝尔都流浪在别的国家，以至于全家人都在为他担心。"诺贝尔兄弟石油公司"筹备时，诺贝尔倒是经常见到自己的两个哥哥。但是那段时间，大家都因为各自不同的理念而坚持，有一段时间，诺贝尔甚至和路德维希吵得很凶。

　　由于长时间的工作和巨大的压力，路德维希的身体每况愈下，到后来他不得不将自己的工作悉数交给儿子打理，大儿子伊曼纽尔被派去主持巴库地区石油工厂的工作，小儿子卡尔则留在圣彼得堡的机械厂里主持大局。路德维希本人则开始了漫长的求医之路。在得知路德维希的情况后，诺贝尔曾多次前往维埃拉探望他。

　　在维埃拉这座美丽的城市里，诺贝尔不得不接受一个残酷的现实，路德维希的喉部疾病有扩散的趋势，随时都会有生命危险。让诺贝尔更加不能接受的是路德维希那憔悴的样子，他坐在那里痴痴呆呆，脸上总是一副木然的表情。尽管诺贝尔几次尝试着吸引他的注意力，但是路德维希总是短暂地停顿几秒后，就将视线投向窗外的风景。

　　后来，病情略有好转的路德维希给诺贝尔写了一封长

Chapter 7　第七章　英雄迟暮

信。在信中，路德维希提到了曾经与诺贝尔之间的不快，他希望弟弟诺贝尔能够原谅自己的固执，同时也希望兄弟之间不要因为过去的那些分歧而心存芥蒂。这封信让诺贝尔格外伤心，他已经不再是小孩子了，对于那些陈芝麻烂谷子的往事怎么会记在心上？

为了让路德维希安心养病，诺贝尔给路德维希回了一封信：

> 收到你的来信我感到无比亲切，你无法想象出我现在的内心是多么激动。现在我们都已经是进入暮年之人了，以前发生过的那些区区小事就不要挂在心上了。我认为你想得太多，而没有专注于身体的调养。
>
> 我在过去从来没有想过与人产生分歧，有时候只是和自己过不去罢了，以至于引起你们的担心和不快，因此我向你致以歉意。至于你我之间的阴影，我相信《圣经》里的一句话："心中有光，阴影早已被抹去。"

1888年4月12日，在与诺贝尔会面的几周后，路德维希被残酷的病魔夺去了生命。路德维希的去世给诺贝尔造成了极大的心理阴影。

深陷死亡恐惧中的诺贝尔开始产生各种不好的念头，他觉得母亲的存在是他唯一的精神寄托，如果母亲不在，那他宁愿迅速地结束自己的生命。为了满足自己这一古怪的想法，诺贝尔甚至开始研究一种自杀机器，据说渴望自杀的人只要在他发明的机器上投掷一枚铜币，强烈的电流就会夺去投币者的生命。

这种古怪的想法如同伊曼纽尔所做过的棺材设计，引起了别人的不满，一些人甚至将这件事告诉了警察局。警察局也被诺贝尔的举动惊呆了，他们不得不出面干涉诺贝尔的发明行为，劝告他不要走入极端的情绪。

然而，让诺贝尔没有想到的是，仅仅在路德维希离开人世的几个月后，他最挚爱的母亲卡罗琳就离他而去了，母亲的离去是对诺贝尔精神上的又一次重大打击。

从诺贝尔多病的童年开始，母亲卡罗琳就是他身边最重要的守护者；在他生病的时候，母亲总是竭尽所能地帮他渡过难关；在他工作陷入困境的时候，母亲总是会嘘寒问暖。诺贝尔一直没有家庭，所以母亲对他的关心也是最多的。

父亲去世后，母亲一个人独守空房。为了让母亲享受更好的生活，诺贝尔几次三番写信要给母亲换一栋更大的房子，但是都遭到了母亲婉言谢绝。

在给诺贝尔的信中，卡罗琳写道：

大房子并不能给我带来我所期望的幸福，反而使我更孤单。我不希望佣人们来来往往地破坏我一个人的清净，他们总是会碍手碍脚。如果你们有时间，还是多回来陪伴我一些时日更好，我已经老了，对往日的思念也变得更甚，时常想起我们一家人在圣彼得堡时的快乐岁月。

收到母亲的来信后，诺贝尔给两位哥哥提出建议：不论平时有多繁忙，只要是母亲的生日，就必须返回斯德哥尔摩一起为母亲过生日。从那以后，卡罗琳总是盼望着自己生日的到来。那一天，她总是把自己最好的衣服拿出来，将自己收拾得干干净净，然后一个人跑到厨房里准备各种可口的饭菜——在这样一个日子里,她不希望佣人们替她做任何事情。

在卡罗琳去世前几个月,她度过了自己人生的最后一个生日,当时罗伯特、诺贝尔一起举行了一个盛大的生日晚宴。但是,还能勉强支撑身体的卡罗琳并没有参加,她正处于深深的悲痛之中——她失去了她认为最健康,对世界永远充满美好向往的儿子路德维希。她不希望在这样的宴会上想起失去儿子的悲痛。

1889年12月7日,卡罗琳与世长辞,享年86岁。在她人生的长河里,卡罗琳先后多次经历命运的起伏,但是她从来没有悲痛、抱怨,乃至放弃过,她总是坚强地闯过了一个又一个坎儿。

卡罗琳去世后,留下了一笔巨大的财富,这些钱是诺贝尔平时寄给母亲的生活费用,但是卡洛琳并没有将这些钱一掷千金地花出去,而是把它们积攒起来,有时候也会分给那些需要帮助的人们。

按照卡罗琳生前的遗嘱,诺贝尔从这些遗产中领取到13000英镑。这些钱对于他来说并不是什么大数字,但是诺贝尔仍然希望将它用在正确的地方。他先是为母亲建了一座漂亮的纪念碑,然后将剩余的钱财全部赠送给了母亲生前捐建的卡罗琳医学院,并设立了卡罗琳基金。

关于母亲的其他遗物,诺贝尔只是挑拣了一些不值钱的物件,有母亲的一张遗像,一直以来被母亲戴在身上的手表(在他记忆中,母亲一直都在使用这只并不算十分昂贵的物件),还有一件是标有诺贝尔名字的瓷器(这是卡罗琳请匠人们为她的三个儿子做的)。

诺贝尔获得的最珍贵的一件遗物是瑞典科学院当年为了表彰他们父子二人在研究硝化甘油方面做出的突出贡献而颁发的奖章。这枚奖章在卡罗琳的遗书中曾经重点交代过,它唯一的主人就是诺贝尔。

然而,重新得到这枚期盼已久的奖章并没有让诺贝尔变得兴奋起来,反而给他带来了很多新的苦恼。他想起了自己在年轻时因为这枚奖章而与父亲发生的诸多争执,而如今父亲恐怕早已在天国里忘却了这一切。后来,诺贝尔将这枚奖章封在了一个柜子之中,在他的余生,他再也没有将它拿出来过。

不长的时间内先后失去了两名最亲爱的人,诺贝尔的精神一落千丈,这次虽然他已经不再执迷于自杀机器的发明,但是谁都可以看得出来,他的身体每况愈下,健康程度也已经今非昔比了。一些人甚至担心,诺贝尔会不会因为伤心过度追随母亲而去——他们的担心是不无道理的。

然而,命运总是在捉弄着这个天才,他还没来得及永远闭上自己的双眼,一堆问题就又摆在了他的面前,他必须将这些事情处理好。

2. "法国式"麻烦

给诺贝尔带来困扰的不是其他什么东西,而是他日夜研究的火药。随着无烟炸药这种天才般的产品被诺贝尔设计出来，各国也开始相继投入大量的人力和物力进行研发和生产。积极性最高的要数法国，法国的专家们下了很大的决心要在炸药方面摆脱对诺贝尔的依赖，他们要使用自己的无烟炸药。

当诺贝尔热忱地向法国政府兜售自己的无烟火药时，法国政府拒绝了，因为法国"火药与硝石管理局"看到了希望，一位名叫维埃耶的法国化学教授通过不断地实验和改进，研制出了一种很有可能接近无烟炸药的产品，虽然仍处于实验阶段而且性能不是十分稳定，但法国政府还是更希望维埃耶教授能够更进一步。

就在诺贝尔愤愤不平，认为法国政府是因为权势而选择了维埃耶教授的低质火药时，意大利政府却向诺贝尔抛来了橄榄枝。

意大利的这个橄榄枝抛得非常有学问，当时法国与意大利的关系非常紧张，双方随时都有可能大打出手。意大利对于法国并不是十分忌惮，真正让他们忌惮的是常年居住在法国的诺贝尔。

普法战争中，弱小的普鲁士因为得到了诺贝尔的炸药支持，在战场上把不可一世的法国人赶回了家。如今诺贝尔长期居住法国，对法国的感情是相当深厚的，如果战争爆发，诺贝尔向法国政府提供更加先进的炸药，那将意味着意大利的惨败。

在这个节骨眼上，意大利向诺贝尔提供了一笔巨额订单，他们要求诺贝尔的公司为他们提供30万公斤的"达纳炸药"。这个订单不管是讨好诺贝尔也好，还是离间诺贝尔与法国的关系也好，总之十分成功。

诺贝尔在接到这笔庞大的订单后，喜上眉梢，他马上告知自己管理下的托拉斯向意大利炸药公司发出通知，让他们夜以继日地进行生产以满足意大利的需求。可就在意大利工厂准备开始生产的时候，意大利政府却变了卦，他们将"达纳炸药"更换为无烟炸药，并向诺贝尔支付了一笔庞大的使用费。

意大利的这种行为在法国引起了轩然大波，诺贝尔向意大利提供无烟炸药的生产权，意味着意大利的军事力量将超过法国——谁都知道诺贝尔无烟炸药的性能要远远优于法国自主研发出来的无烟火药。

为此，报界开始大做文章，他们大肆宣扬诺贝尔的行为是可耻的，将法国的安全推到了危险的境地，全国上下几乎都陷入了声讨诺贝尔的浪潮之中。不明就里的法国百姓对此深信不疑，他们开始不断地在诺贝尔住宅附近指指点点，说三道四。

有的人甚至认为诺贝尔从一开始到法国居住就是为了窃取情报，为此他们还举例说，诺贝尔在塞夫朗购买的土地，表面上看是为了进行实验，实际上是因为这里更接近法国的火药专卖公司，这样诺贝尔就可以在这里进行监视活动，从而获取法国的军事机密，从而根据这些资料研制出无烟火药。

当这样的流言越传越广的时候，人们开始变得愤怒起来，他们没有想到他们一直尊敬的诺贝尔先生竟然是一个偷窃者和出卖法国利益的人。听了这些传言,诺贝尔有些无可奈何,他实在弄不明白,平日里那些颇有绅士风度的法国人为什么会相信如此低级的谎言。诺贝尔也知道,面对这些谎言,自己根本不需要做出辩解。

虽然诺贝尔迟迟没有采取行动,但是法国当局却开始采取措施了。一天,诺贝尔正在实验室中工作,突然一群全副武装的警察冲了进来,他们进行着毫无目的地搜查,一会儿翻翻这里,一会儿翻翻那里,诺贝尔的器材被冲撞得七零八落。诺贝尔感到十分惊讶,他问带队的警察队长究竟发生了什么事,警察队长只是非常官腔地说了一句:"奉命行事。"

这并不是一场闹剧,没多久,诺贝尔的实验室就被警察局的工作人员贴上了封条,他们还在全国发布禁令,严禁私人在法国境内从事与无烟炸药相关的研究和实验——至于生产,那更是不可能的事情。

在诺贝尔备感无助的时候,当地行政官员、诺贝尔曾经的好友落井下石地对他说:"诺贝尔先生,如果你违抗了警察局的禁令,我一点都帮不了你。希望你能够明白,你这次得罪了全法国。"

诺贝尔气得浑身发抖,这件事情从始至终他不过是一个无辜的受害者,如今法国政府的官员们不仅没有给自己一个合适的说法,反而将他树立成全法国人民的公敌,这让诺贝尔无论如何都不能接受。经过再三思索之后,诺贝尔决定离开法国。

离开法国的决定做出之后,诺贝尔却多少有些不舍,这里曾经是他最向往的地方，他甚至把这里看成了自己的第二故乡——这里有他爱的人的足迹，有他奋斗过的身影，巴黎街头的每一个角落，他都能找到自己的身影。

最不舍的还是与自己相伴多年的助手弗伦巴克，这些年的合作让诺贝尔对弗伦巴克的能力深感放心，他曾经问过弗伦巴克是否愿意和自己一起离开，但是弗伦巴克礼貌地拒绝了诺贝尔的请求。

弗伦巴克比任何人都明白，诺贝尔是清白的，但是在这种时刻他不能说什么，因为诺贝尔毕竟还是将无烟炸药的使用权卖给了意大利，这样的举动直接影响了法国的安全，弗伦巴克热爱自己的国家，他不想在祖国的危亡时刻离开。这些年他向诺贝尔学到了很多东西，如果战争爆发，他会竭尽所能。

诺贝尔最终尊重了弗伦巴克的意愿，离开前与弗伦巴克进行了一次友好的晚餐。对于这一天的到来，弗伦巴克是无论如何都没有想到的，但是既然已经发生，他们也就只好各安天命了。

然而，诺贝尔刚刚离开法国，一个法国人又给他惹来了一堆的麻烦事。这个法国人不是别人，就是诺贝尔在企业管理方面赖以仰仗的巴布。

巴布对诺贝尔在法国的事业有着非常巨大的帮助和促进作用，但是与诺贝尔不问政事不同，巴布是一个地地道道的政治狂热者，一度还在法国的农业部当上了部长。不安分的巴布总是希望做一些付出小、回报巨大的生意，这让诺贝尔陷入了一场前所未有的投机危机中。

Chapter 7　第七章　英雄迟暮

1886年前后，巴布伙同一些政府高级官员极力地阻挠国民议会向巴拿马公司提供贷款的请求，而巴拿马公司贷款的目的只是为了修建一条益处颇大的巴拿马运河。为了能够顺利地通过国会的再次审核，巴拿马公司的官员们只好向巴布和其他法国官员提供高达300万法郎的贿赂，这件事情后来被称为"巴拿马丑闻"。

"巴拿马丑闻"被揭发出来的时候已经是1890年，而这个时候捅了大娄子的巴布刚刚离开人世。由于他长期担任法国达纳炸药公司的总经理，并且在托拉斯组织中担任重要职务，所以案件审理到最后，又将诺贝尔牵扯出来，这让诺贝尔本人苦不堪言。

更让诺贝尔感到郁闷的是，那些与巴布关系密切的法国经理们并没有因此停下来，他们开始背着诺贝尔做起了倒卖甘油的生意。同时，他们还大肆挪用法国公司的费用。当诺贝尔重新接手法国公司的时候，发现这里已经负债累累了。

法国公司的状况让诺贝尔颇有些无奈，他甚至做好了最坏的打算：如果自己真的破产，那他就到德国找一家化学公司当一个化学师。好在情况并没有那么糟糕，诺贝尔的其他工厂依然可以为他提供雄厚的资金保障，再加上银行家们也十分乐意将贷款发放给他们，法国公司最后得以成功改组，一位名叫杜比特的商人成为了法国公司的总经理。

这次事件给诺贝尔的身心带来了极大的伤害，让他无法接受的不是巴布等人给公司带来的财产损失，而是巴布给他的感情带来的伤害。在诺贝尔看来，自己经商的几十年时间里，巴布是自己最值得尊敬的伙伴和兄弟，尽管人们对巴布的一些行为颇有微词，但是诺贝尔从来都维护着他，没想到就是这样一个让自己信任的人最后使自己陷入到困局中。

这件事之后，诺贝尔用四种语言写了同一封信，信中对法国给自己造成的伤害进行了讨伐：

> 有人对我进行指控，要我对法国公司的种种行为负责，还有人向我追讨一笔高达460万法郎的巨额罚款。这让我感到难以理解，我不明白法国的法律究竟是在保护什么样的人？他们总是不能做出最准确的判断。而像我这样的无辜者却要为此而不断地受到伤害。这实在是太不公平了。

成功地改组法国公司后，诺贝尔开始离开商界，他实在不愿意将自己的精力耗费在生意之中，他坚决辞去了自己在所有黄色炸药公司的董事会成员职务。但是这又有什么用呢？毕竟他是这些公司的大老板。

3. 索尔曼其人

在法国政府的迫害下，诺贝尔于1891年携带着自己的大批实验器材以及一些私人物品离开了法国。实际上，这也宣告一个时代的正式结束，诺贝尔最富有才情和创意的18年就此画上了一个并不十分圆满的句号。

离开法国后，很多人劝诺贝尔返回自己的家乡，但他还是选择去了意大利。对于意大利，诺贝尔总是有一些好感，他喜欢意大利的西部海岸——那里总是充满了阳光，而且宜人的气候也有助于他的气管炎的恢复。还有一个原因也很重要：那里没有巴黎那么繁华，适合他一个人静静地进行科学研究。

经过一番考察后，诺贝尔将自己的新居选在了意大利的圣雷莫。他在这里买了一栋大大的别墅，别墅中有一个非常大的花园，与附近的棕榈树交相呼应，构成了一道美丽的风景线。诺贝尔对这一切非常满意，阳光好的时候，他总是会待在花园里晒晒太阳，欣赏不远处的地中海。

一次，一位达纳公司的负责人来圣雷莫拜访诺贝尔。看着这里惬意的阳光和海岸，这位负责人说："诺贝尔先生，这里实在是一个美妙至极的地方，您应该找一个人与您共度剩下的美好时光啊！"诺贝尔听了之后，若有所思地回答道："是啊，我的确应该找一个人了。"

找一个人共度余下的美好时光，这对于诺贝尔来说是再好不过的事情了。这一年他已经58岁了，金钱和名誉对于他来说都已经成为海岸线上的浮云，只要他愿意，这里完全可以成为他的养老之所。

然而，诺贝尔想要找的人并是人们所想的伴侣，而是一个实验助理。这是必须的，他刚刚买下这栋房子的时候，就已经叮嘱过装修工人，将它改造成了一个巨大的化学实验室。在这个实验室里，诺贝尔一个人可忙不过来，如果没有一个贴身的助理，他怀疑自己连简单的实验都无法完成。然而，像弗伦巴克那样称心如意的助理可没那么好找，诺贝尔曾经先后换了两次助理，但他们都没能待下去。

1893年，一位年轻的瑞典化学工程师拉格纳·索尔曼出现在诺贝尔面前。从那以后，诺贝尔便与这个年轻人结下了不解之缘。

索尔曼毕业于斯德哥尔摩理工学院，由于他的成绩优良，被美国的一家达纳炸药厂聘为化学工程师。在美国的三年，索尔曼从来不敢怠慢自己的工作，他总是兢兢业业地做好每一件事，他的这种工作精神打动了很多人，一些人甚至称他为"勤劳的索尔曼"。

1893年夏天，索尔曼接到瑞典方面的邀请，在芝加哥国际博览会上布置瑞典展览馆。在这次博览会上，索尔曼见到了自己分别几年的好友路德维希·诺贝尔，这个路德维希不是别人，正是诺贝尔哥哥罗伯特的儿子，也就是诺贝尔的侄子。会面期间，路德维希请求索尔曼帮自己一个忙，但具体什么忙，路德维希没有说，只是要索尔曼等自己的电报。

对于朋友提出的要求，索尔曼没有拒绝，他一直在等着路德维希的消息。但是，在接下来的一段时间里，路德维希音信全无。直到9月份，路德维希才从斯德哥尔摩发来电报，让他尽快前往意大利的圣雷莫为诺贝尔先生当私人助手。索尔曼在收到电报后，完全愣在那里，他没有想到自己的老朋友竟然给他介绍了一份如此充满荣耀的工作。

这位23岁的年轻工程师在接到电报后，马上收拾行李离开美国，他希望自己能够尽快与诺贝尔见面，因为这个名字对于每一个年轻的化学工程师来说都如同夜空中的明灯，他不想错过这个机会。

诺贝尔在自己的别墅里接待了索尔曼，两个人的初次见面十分和谐。索尔曼的朴实无华打动了诺贝尔，而诺贝尔的平易近人也同样吸引了索尔曼。于是，两个人的亲密合作就这样开始了。

索尔曼接受到的第一份工作非常简单，诺贝尔要将自己的藏书整理一遍，进行分门别类的摆放。索尔曼很痛快地答应下来，也正是这次任务让索尔曼见识了诺贝尔涉猎的广泛：在诺贝尔的书房里，索尔曼发现了法国、德国、瑞典和俄罗斯的文学作品，还有大量科学与技术方面的著作。

"勤劳的索尔曼"做的比诺贝尔想的更周全，他甚至还将诺贝尔存放了很久的私人案卷和技术档案也整整齐齐地摆放在了书柜中，并为这些材料整理了一个非常详细的目录，这让诺贝尔非常感动。

招聘索尔曼来当助手显然不是为了让他照顾自己的起居，所以没几天，诺贝尔就带着索尔曼进入了自己的实验室。对于两个长期待在实验室里的男人来说，他们的生活看上去一团糟，当索尔曼决定承担起这些事情的时候，诺贝尔却阻止了他，因为诺贝尔决定找一位女秘书来打理这一切。

可惜的是，诺贝尔的想法未能如愿，他确实招来了一名不错的女秘书，但是他们相处得并不融洽，这位女秘书在这里待了没多久，便匆匆离开了，她不想整日冒着生命危险在这个古怪的房子里任凭两个科学疯子对她呼来喝去。

女秘书离开后,索尔曼开始全面负责起诺贝尔的生活起居。于是,诺贝尔与索尔曼这两个年龄相差悬殊的男人成了无所不谈的好朋友。

诺贝尔喜欢赶着马车带着索尔曼一起到住处附近的森林里游玩,那里有一个非常漂亮的街心公园。当他们感到劳累的时候,就会坐在公园里,用他们的母语进行交流,有时候他们会说一些实验中出现的问题,有时候也会说一些彼此生活中的遭遇。母语很容易让他们放松下来,诺贝尔非常享受这样的时光。

一天,两个人照例来到街心公园聊天,诺贝尔突然提到了索尔曼从美国赶来的差旅费用,他执意要将这笔费用还给索尔曼,因为是自己招募索尔曼前来工作的,这笔费用不能让索尔曼自己买单。索尔曼拒绝了,他告诉诺贝尔,自己曾经在芝加哥会展期间为一家报社提供过新闻稿件,所以他从美国回来时对方为他提供了一笔不菲的差旅费。

可诺贝尔并不这么认为,他还是固执地做出了选择。他将一张300英镑的支票放在索尔曼手里,并再三对索尔曼说:"年轻人,这绝对不是客气,这是对你旅途的一种补偿。我尝试过从美国到欧洲的滋味,那实在是糟糕透了。"

诺贝尔非常满意自己的这位新助手,在他的帮助下,自己的一些实验取得了突破,为了感谢他,诺贝尔总会在工资之外另外给他一些股份——这些股份对于索尔曼这样的年轻人来说,实在是一笔不小的费用。为了报答诺贝尔给予自己的一切,索尔曼往往会更加投入地进行下一项工作。

Chapter 7　第七章　英雄迟暮

但是，索尔曼也不是不会犯错，有时候他也会像其他人一样莽撞。有一次，在组装化学仪器时，他由于不小心，致使沸腾的苛性碱溶液飞溅到了站在一旁的诺贝尔身上。这件事让诺贝尔大发雷霆。索尔曼也因为这件事而格外懊恼，他一直在寻求适当的机会向诺贝尔表达歉意。为此，他还特意买了一件外套要送给诺贝尔。

诺贝尔知道后，十分意外。事实上，他完全没有生气，在那次实验之后，他一个人心情愉快地去了一趟威尼斯。他完全没有意识到自己一时的坏脾气，竟然给索尔曼带来了这样的困扰。为此，诺贝尔不仅没有接受索尔曼的道歉，还反过来向索尔曼表示歉意。

正是日常生活中的彼此了解，让诺贝尔对于索尔曼的人品格外放心。去世前，诺贝尔指定索尔曼做了自己的遗嘱执行人，而索尔曼也没有辜负诺贝尔对于自己的期望，他将诺贝尔去世后的诸多问题妥善地处理掉，并且一手建立起诺贝尔基金会。

4. 为国效力

1842年，诺贝尔只有9岁，在俄国兴办工厂的伊曼纽尔为了一家人团聚，将妻子和三个儿子从瑞典接到了俄国。从那以后，诺贝尔就开始了颠沛流离的"流浪"生活。直到1863

年，为了协助父亲进行实验，诺贝尔才再次回到瑞典，并在这里待了一年左右。这是成年后的诺贝尔在瑞典待得比较长的一段时间。

虽然长时间待在国外，但是从内心深处，诺贝尔从来没有忘记自己的国家。这一点他与他的父亲伊曼纽尔极为相似：伊曼纽尔曾经在俄国风光无限，可当他风光不再的时候，他首先想到的就是回到瑞典。

进入晚年的诺贝尔虽然没有父亲那么凄凉，但还是认为瑞典才是自己真正的养老之所。在前往圣雷莫定居之前，诺贝尔曾经慎重地考虑过回斯德哥尔摩的建议，但是鉴于当时的身体不适，他还是选择了圣雷莫。

但是，在圣雷莫待得越久，诺贝尔回家的想法就越真切，这里虽然有着良好的气候环境以及不错的居住条件，但是他却太孤单了——在这里，他既没有朋友，也没有家人，每天看着佣人们出来进去，连说话的兴趣都提不起来。

有时候，和邻居们交谈是不错的选择，但是让诺贝尔感到寒心的是，他明显能够感受到他们的排斥。附近别墅的主人在知道他们与诺贝尔比邻而居后，并不高兴，相反他们一个个都变得恐慌无比，一些人甚至出面要求政府将诺贝尔强行赶走。

除此之外，还有一个原因是在圣雷莫进行化学实验时非常麻烦，因为不管是仪器还是实验用品，都需要去德国采购。还有一个重要的问题是，在圣雷莫很难找到雇佣工人，虽然索尔曼能够照顾他的起居，但是时间长了多少还是有些不便。

与别的大企业家不同，诺贝尔在回到瑞典后没有购置豪宅享受生活，而是在距离斯德哥尔摩两百公里的一个叫博福斯的地方花130万克朗购买了一家钢铁厂——"博福斯－古尔公司"钢铁厂。这一年是1894年，诺贝尔离开家乡已经52个年头了。

在买下这座钢铁厂后，诺贝尔将自己的私人住处安排在了附近的一个庄园，并在这里建造了一个规模很小的实验室。但是，与圣雷莫的实验室相比，这里却有着一套半工业化的先进设备。在这里安定下来后，诺贝尔开始聘请很多优秀的瑞典工程师到自己的工厂，并让他们在自己的好友索尔曼的领导下开展工作。

诺贝尔买下这家钢铁厂的初衷是帮助瑞典发展自己的国防产业，他记得父亲曾经对自己说过："一个国家如果有一个部门不能依赖外国的话，那一定是这个国家的国防工业。"所以，在博福斯钢铁厂，诺贝尔开始了一系列的针对国防武器的实验，其中最主要的产品有新型火药，射弹导火索，射弹密封带，枪支、盔甲的电镀。

除了这些，诺贝尔还开展了一系列民用设施的实验，一些新的工业产品就是在这段时间被诺贝尔发明出来的，如轻金属合金、人造丝、合成橡胶、合成宝石、空中地图摄影、钾和钠的电解产品等等。

诺贝尔的这一系列实验表明，他的思想足足比那个时代先进了几十年，虽然有些实验只是一个简单的雏形，但它对瑞典后来的工业发展都起到了举足轻重的作用。

在博福斯工厂的建设上，诺贝尔也不遗余力。他先后在设备建造和机器生产上投入了大量的资金。诺贝尔要求索尔曼在工厂的建设上，用最好的劳动、质量最上乘的原料，因为只有这样才能制造出最好的产品。

为了让工厂的工程师们不为资金的问题发愁，诺贝尔以股票的形式向这里贡献了250万克朗。他的这一行为使得"博福斯"始终保持足够的资金。在诺贝尔的大力扶持下，"博福斯"的生产能力日渐提高，重加农炮、无烟火药以及一些其他化工产品得以顺利生产，瑞典的军事工业由此进入到了一个高速发展的时期。

时至今日，博福斯工厂仍然是瑞典最大的军工企业，它拥有员工近两万名，而受诺贝尔时期的影响，博福斯工厂还生产大量的民用工业设备，其中大部分是诺贝尔生前所喜爱的。

在购买了博福斯工厂后不久，诺贝尔又做了一笔大买卖——他将工厂附近的卡拉斯大瀑布的使用权购买下来。之所以进行如此大手笔的投入，是因为诺贝尔准备开发这条河流的水电资源。水电资源的利用让瑞典进入到一个崭新的时代，在随后上百年的时间里，瑞典大力发展水电事业，直到现在，水力发电依然是这个国家最重要的发电方式之一。

Chapter 7 | 第七章 英雄迟暮

然而，对于身体羸弱的诺贝尔来说，瑞典的冬天始终折磨着他。每当寒冬到来的时候，他就会出现各种各样的不适症状。他的精神和身体都备受摧残，虽然他努力地想在这里多待一段时间，但是日益虚弱的身体却使他不得不回到气候宜人的圣雷莫。

在此后两年的时间里，只要夏天一到来，诺贝尔就会迫不及待地回到这片土地，用他斗志昂扬的精神和充沛的精力指导这个新兴工厂的一切。每到这个时候，索尔曼便觉得诺贝尔浑身上下都充满了活力，因为他会兴致昂扬地驾着自己那两匹活跃的小马，乘坐在灵巧的小马车上，到博福斯的郊外去游玩一番——这与诺贝尔在巴黎和圣雷莫时的生活习惯是一模一样的。

关于诺贝尔的这一爱好，瑞典的一些媒体还善意地调侃了一番：

> 诺贝尔先生的小马车总是那么悄无声息，当你听到马蹄阵阵的响声后，以为这不过是一匹丛林中到处奔跑的野马，但是当你抬起头的时候，你会发现，天啊，哪里来的漂亮马车？当然这一切得益于诺贝尔先生的聪明举动，橡胶轮胎让我们避免了颠簸之苦。
>
> 如果你在博福斯静悄悄的郊外看到了一盏明亮飞驰的鬼火，一定不要忘记给他让开一条路，因为诺贝尔先生正在他的小马车里点着他的蓄电灯阅读呢。如果你是在复活节看到的这一切，我们不能保证究竟是谁，说不定神灵们也开始享受诺贝尔先生带给这个世界的礼物了。

不管媒体如何调侃，在那两年时间里，诺贝尔是博福斯地区当之无愧的领袖，他不仅是瑞典商会的主席，还是多家行业的带头人。在他那粉刷一新的二层小楼里，经常有来自斯德哥尔摩的工商界巨头前来拜访。

诺贝尔在博福斯尽情地享受着他的生活，但是一个新的问题摆在了他的面前——他开始患有周期性的偏头痛，这种疾病在他工作繁忙的时候光顾得更加频繁。他不得不用湿毛巾将自己的头部紧紧地裹起来。

也正是在偏头痛期间，诺贝尔开始想起了自己儿时的梦想，他开始进行一些文学上的创作。这对于他来说是一件两全其美的事，因为自从闯入化学世界之后，他就很少将文学创作放在心上了。

在这段时间里，诺贝尔先后创作了一些文学作品，其中比较有代表性的是喜剧《专利杆菌》和悲剧《复仇女神》。其中，《复仇女神》是诺贝尔较为满意的一部作品，他甚至将这部作品寄送给出版社。当出版社得知这部著作源于世界闻名的诺贝尔先生时，他们几乎不假思索地将它放进了印刷机。

可惜的是，诺贝尔并没有等到《复仇女神》面世的那一天。这本书发行后，诺贝尔家族的成员认为这部可怜的作品无法给诺贝尔带来任何积极的影响，相反还有可能折损他的声誉，于是在市场上将这本书全部收回销毁，只留下三本作为纪念。

诺贝尔的一生虽然仅有很少一部分时间待在瑞典，但是他在博福斯的两年时间里，几乎将自己一生的思想财富都毫无保留地贡献给了这里。博福斯人民没有忘记诺贝尔给这里带来的一切，他们将诺贝尔曾经居住过的地方永久地保留了下来，而它也成为瑞典唯一得以完整保存的诺贝尔故居。

如今，博福斯已经成为瑞典最为知名的旅游胜地之一，来自世界各国的游客们络绎不绝地来到诺贝尔的住处举行纪念活动，当他们进入这间房子时，依然可以看到一百多年前诺贝尔在这里生活过的痕迹。

一些著名的科学家为了纪念诺贝尔，还在这里定期举行一些学术研讨会，共同探讨诺贝尔给人们留下的种种科学课题，并将它们发扬光大，继续造福人类。

5. 诺贝尔之死

在索尔曼的陪伴下，诺贝尔享受着自己的晚年。不过，他依然没有改掉自己游走各地的生活习惯，他总是不停地穿梭在欧洲的各个城市之间，索尔曼也在成家后离开了圣雷莫。他不能随心所欲地陪伴着诺贝尔到处游玩，但是两人却从来没有中断过通信。有时候，索尔曼会去信向诺贝尔汇报一些最新的实验进展，而诺贝尔也会热情地在信件中给予索尔曼一些积极的建议和指导。

1896年4月6日，索尔曼如同往日一样收到了诺贝尔的来信，在阅读完信件之后，索尔曼变得悲伤起来。这份信中没有提到实验的内容，诺贝尔只是简单地概括了一下自己的近况：

> 最近我的身体状况越来越让人担忧，很多事情也被耽搁了下来。这让我十分想念你在我身边的日子，你的帮助曾经让我备感轻松。如果你能脱开身子，希望你能来一趟圣雷莫，在这里陪伴我一段时间，比如两个星期。如果你能前来，我将会感到万分开心，请你在决定后拍电报给我。至于你妻子的旅途费用，自然不是问题。

4月底，索尔曼携同自己的妻子匆匆赶到圣雷莫，他颇为担心诺贝尔的身体。可是，当他到达圣雷莫后，发现诺贝尔并不像书信中说得那样萎靡，他依然有很大的精力来款待自己，这让索尔曼吃了一颗定心丸。

这次拜访，索尔曼住了一个月，见诺贝尔的身体并无大碍，便决定早早回去照料自己的实验室。在即将告别的那天，诺贝尔恋恋不舍地请求索尔曼能够再待一段时间，他对索尔曼说："虽然你只是我的助手，但是长久以来我一直将你认为是我最亲近的家属，事实上你比我的侄子等人陪伴我的时间更多一些。"

诺贝尔是这么说的，同时也是这么想的。在他看来，索尔曼是他身边真正对他怀有敬意并且值得他去完全信赖的人。他在1895年2月写给他人的一封信中写道：

> 我的一生从来没有向别人借过两种东西，一种是金钱，一种是实验方案，但是我却从索尔曼先生那里得

到了一份非常重要的礼物，那就是友情，如果谁能够像索尔曼一样赠送给我一份伟大的友谊，我一样会心怀感激。

在诺贝尔的挽留下，索尔曼陪着诺贝尔度过了一个夏天。后来，因为诺贝尔要前往巴黎看病，索尔曼才回到自己的住处。然而，让索尔曼没有想到的是，这次离别是他与诺贝尔的诀别。

10月25日，在巴黎治病的诺贝尔给索尔曼写了一封信，向索尔曼介绍了自己在巴黎的境况：

>看来这次我麻烦了，我的医生让我在巴黎多待一些日子，直到他们完全同意终止我的治疗。让我感到可笑的是，医生给我的处方不是别的东西，正是我与之打了一辈子交道的硝化甘油，这一定是命运的嘲弄吧。不过医生们给它起了一个很学术的名字——三硝酸甘油酯，我想可能是因为不想引起患者的恐惧吧。

12月9日，从巴黎返回圣雷莫两个星期后，诺贝尔给索尔曼写了一封讨论新炸药的信，信中诺贝尔提到了一种新型的硝化甘油炸药，他希望自己康复后能够与索尔曼一起进行探讨。但是，在信件的结尾，诺贝尔依然表现出了低落的情绪：

>我觉得我的健康已经十分糟糕了，就在我刚刚写这封信件的时候，我觉得拿起笔是那样的困难。不知道什么时候才能和你一起在实验室中并肩作战。
>
>你忠实的朋友 阿尔弗雷德·诺贝尔

诺贝尔的字迹仍然像往常一样工整，完全看不出病人应有的疲劳，最重要的是，他又开始像健康时那样与自己讨论一些化学问题了。然而，这封信索尔曼并没有收到，他是在诺贝尔书桌上看到这封信的。

在这封信写完的几个小时后，诺贝尔出现了脑溢血的症状。圣雷莫一切与诺贝尔相关的人在得知这个消息后都匆匆赶到他的住处，他们将诺贝尔轻轻地从书房抬到卧室之中。意大利的医生赶到之后，要求诺贝尔必须静卧在床上休息。但是，这时诺贝尔的言行已经由不得自己控制了，他在床上闭着眼睛不停地用母语说着一些谁都听不懂的话，唯一能被人识别出的字眼是"电报"。

人们在第一时间向诺贝尔的侄子伊曼纽尔、雅尔马以及索尔曼拍了电报，要他们在最短的时间内赶到圣雷莫。

但是一切都为时已晚了，医生们想尽了一切办法，还是没有能够挽救诺贝尔的生命，当时钟停留在1896年12月10日凌晨2点的时候，诺贝尔——这个人类历史上最伟大的发明家永远地离开了人世。这天夜里，没有一个亲人陪伴在诺贝尔左右，有的只是他请来的仆人和一些意大利的同事。在这个令人心酸的夜晚，没有亲人在诺贝尔的身边祈祷，也没有人在他耳边说上一句温柔体贴的话。

12月11日，闻讯赶来的伊曼纽尔、雅尔马、索尔曼没能见上诺贝尔最后一面。他们见到的只是诺贝尔永远没有体温的身体。12月17日，诺贝尔生前好友——瑞典牧师内森·索德布罗姆赶到圣雷莫，送诺贝尔走了最后一程。

在诺贝尔的灵柩前,索德布罗姆牧师发表一篇感人肺腑的演讲,他说:

这里是诺贝尔尘世生活的灵光突然熄灭的地方,在这里我们应该简单地去回顾一下他那令人敬畏的一生。他的一生都有着永不停步的奋斗精神,当大多数人在追求安逸生活的时候,诺贝尔却将自己的生命交给了科学。

我想任何的赞美之词用到他的身上都不为过,人们终将会意识到他给我们带来的一切,我相信若干年后的今天,人们依然会回忆起他非凡的智慧和卓越的成就。是他赐予了人类征服大自然的力量,同时他也为自己的祖国赢得了荣誉,他的名声注定会被四海之内的人们颂扬。

他对文化的促进是有目共睹的。同时,他也用极大的努力帮助了那些穷困的人们,为此他贡献出了他的大量财富。他总是努力地研究一切我们看起来不可能实现的事情,试图帮助我们超越人类的极限。

在这里,我想用他曾经写过的一些诗来总结他光辉的一生,因为它们用在他身上是那样恰如其分。这几句诗的内容是:

在寂静中,
我站在死神的祭坛前。
人世间的生活和阴府的生活,
永远都是神秘的。

当我们的生命之火行将熄灭时，

我们必然感到犹豫。

但是，除了信仰以外，

一切都已不存在，

这是永恒之说。

在这个灵柩面前，所有的荣誉和喧嚣都应该平静下来。对于每一个人来说，死亡都是公平的，它不会因为他的卓越成就而让他幸免于难。对于天才和愚笨者来说，这一切都是平等的。我们只能等待着这一天的到来。

所有的人都无法在自己离开时带走他生前所拥有的一切，他同样也做不到，但是值得庆幸的是，他给后人留下了无比宝贵的财富。也正是因为如此，他一直以来都陷入了无尽的孤独之中，或许这就是他的命运吧。他在孤独地生活着，然后孤独地离开。

他没有美满的家庭，也没有在床前尽孝的子女，更没有能够陪伴他的温柔妻子。但是我相信，他会得到所有人的敬意和理解。

简短的告别仪式结束后，诺贝尔的灵柩被运送回国，在他的棺木上盛放着从不同地方赶来的意大利民众送来的鲜花。他们用最朴实的方式向这位伟大的发明家送上了最后的祝福。诺贝尔棺木所到之处，都引起了当地民众的轰动，人们成群结队地走上街头，送诺贝尔最后一程。

12月29日下午，斯德哥尔摩陷入了无尽的悲伤之中，市内的主要街道布满了常青藤和各式各样的鲜花。当诺贝尔的灵柩缓缓驶进斯德哥尔摩时，街道两旁不时传来人们低低的啜泣声。

瑞典王室成员代表以及各界知名人士纷纷前来为诺贝尔送行，诺贝尔旗下的两个托拉斯的管理人员、诺贝尔兄弟石油公司的负责人员悉数前来参加诺贝尔的葬礼。诺贝尔生前居住的老宅前放满了各地群众送来的鲜花。

诺贝尔的遗体告别仪式结束后，他的灵车在一些擎着火炬的骑士的引领下，向诺贝尔的母亲卡罗琳埋葬的地方驶去——在那里，诺贝尔的父亲伊曼纽尔、母亲卡罗琳、弟弟埃米尔静静地等待着他。

为了纪念诺贝尔曾经为人类做出的巨大贡献，在索尔曼的倡议下，诺贝尔基金会将诺贝尔的逝世纪念日定为诺贝尔授奖仪式的举行日。此后，在每年的12月10日，全世界最优秀的和平主义者、文学家、生物学家、化学家、物理学家都会齐聚于此，用他们的成绩来缅怀这位科学的巨人。

Chapter 8

ALFRED NOBEL 第八章 最后的"炸弹"

1. 诺氏遗嘱

早在1888年,诺贝尔的二哥路德维希就早早地离开了人世;时隔一年,母亲卡罗琳也撒手人寰。两个至亲之人的离开,让身体虚弱的诺贝尔陷入了前所未有的悲痛之中,那段时间,他认为自己会随时去追随母亲,所以他写下了自己的第一份遗嘱。

诺贝尔的第一份遗嘱存在的时间并不长,当发现遗嘱中的诸多漏洞时,诺贝尔将它彻底销毁了。我们只能从他1889年11月11日写给索菲·赫斯的信中看到这份遗嘱中的一部分内容:

> 这段时间,我被各种各样的疾病所折磨。当我睡下时,我总会想到即将到来的悲惨末日。在我的遗嘱中,我想将我的一部分遗产赠送给那些常年陪伴在我左右的老仆人。但是,我担心的是他们在得到这笔财产后不久就与我一同到达另一个世界了。前不久,我撕毁了我制定的遗嘱,之所以这样,是因为我认为我的思想过于悲观了。

> 我应该进行一次彻底的反思,谁都不会像我一样在离开这个世界的时候拥有如此庞大的财富,我应该好好想一想这笔财富的用处。

1893年3月14日，诺贝尔在病榻上立下了自己的第二份遗嘱，这份遗嘱与他第一份遗嘱相比，多了许多的社会责任感。这份遗嘱规定，他遗产中的20%馈赠给他的亲人和生前的好友，共包括23人；10%赠给奥地利和平同盟——诺贝尔一直希望能够致力于世界和平，因此他认为大力扶持和平事业是非常有必要的；他还向斯德哥尔摩大学、斯德哥尔摩医院和卡罗琳医学院各捐赠5%的遗产；剩余的部分则全部馈赠给瑞典皇家科学院，他希望他们能用这笔钱设立一个奖励基金。

他在遗嘱中说：

建立这种基金我有着非常明确的目的，我希望瑞典皇家学院能将它每年的利息作为奖金，奖励那些有过重要贡献的人。他们或许有独创性的发现，或许是在知识的进步中取得了突破性的成就，不过生理学和医学方面的成就不在此范畴中——我认为卡罗琳医学院更有资格颁发此方面的奖金。

我还希望那些在欧洲和平中做出过突出贡献的人能够获得此奖。不管他们是口头行为还是实际行动，在我看来他们都是具备获奖资格的。有一点需要特别地交代一下，那就是我的奖金可以发放给任何人，不论他是男士还是女士，也不论他是瑞典人还是外国人。

从1895年11月27日开始，诺贝尔在巴黎安静地度过了两个月的时间。在这个他最钟爱的城市，诺贝尔开始重新审视自己的一生和之前的遗嘱。在经过长时间的思考后，诺贝尔决定再次做出遗嘱变更。在做出这个决定时，诺贝尔正一个人待在马拉科夫大街寓所，因此这份长达四页的遗嘱没有见证人，没有律师作证，也没有得到其他任何人的帮助。

这份遗嘱完成后，诺贝尔没有急于签名，因为在没有任何证人、证据的情况下处置自己庞大的遗产无疑是不聪明的。所以，在12月月初回到瑞典后，诺贝尔找来了四名生前好友做证人，让他们证实自己这份遗嘱的真实有效，并在上面郑重地签下了自己的名字。与此同时，他还宣布之前立下的所有遗嘱全部作废，这份遗嘱是唯一真实有效的遗嘱。

遗嘱全文如下：

我，签名者，阿尔弗雷德·诺贝尔，经过慎重考虑后，特此宣布，以下是我的最后遗嘱——关于我去世后可能留下遗产的遗嘱：

我赠给我的侄子雅尔马·诺贝尔和路德维希·诺贝尔（即我哥哥罗伯特·诺贝尔的两个儿子）每人20万瑞典克朗；赠给我的侄子伊曼纽尔·诺贝尔30万瑞典克朗，赠给我的侄女米娜·诺贝尔10万瑞典克朗；赠给我哥哥罗伯特·诺贝尔的女儿英杰伯格和蒂拉每人10万瑞典克朗。

现在同布兰德夫人一起，暂时住在巴黎圣弗洛朗坦街10号的奥尔加·贝特格小姐，将得到10万法国法郎；特此给予索菲亚·卡派·冯卡皮瓦夫人（据悉她的地址是维也纳的英—奥银行）6000弗罗林的年金享受权，由英—奥银行支付给她，为此我以匈牙利国家债券的形式，寄存在该银行15万弗罗林。

阿拉里克·利德贝克先生（现住斯德哥尔摩斯图勒街26号）将得到10万瑞典克朗。

埃莉斯·安滕小姐（现住巴黎吕贝克街32号）可得到年金2500法国法郎。此外，她拥有的48000法郎现在由我保管着，应予归还。

在美国得克萨斯州沃特福德的艾尔弗雷德·哈蒙德先生，将得到1万美元；柏林波茨坦街51号的埃米·温克尔曼和玛丽·温克尔曼两位小姐，每人将得到5万马克。

法国尼姆市维亚迪大道2号乙的高契夫人，将得到10万法郎；我在圣雷莫实验室的雇员，奥古斯特·奥斯瓦尔德和他的妻子阿方斯·图南德，每人将得到年金1000法郎；我以前的雇员约瑟夫·古拉多特（现住索恩河畔沙隆斯市圣劳伦特寓所5号）可得到年金500法郎，我以前的园林工、现在和德苏特夫人住在一起的琼·莱科夫（住法国埃库昂省西南部的奥布里县梅尼镇库拉利斯特税务所）将得到年金300法郎；乔治斯·费伦巴赫先生（住巴黎贡比涅街2号）自1896年1月1日至1899年1月1日，可得年养老金5000法郎，到期终止。我哥哥的孩子——雅尔马、路德维希、英杰伯格和蒂拉，每人有2万克朗的资产由我保管着，应当归还给他们。

我所剩下的全部可转变为现金的遗产，将以下述方法予以处理：

由我的遗嘱执行人买进安全的债券，将所得的资本设置一种基金，其利息以奖金的形式，每年分发给那些在前一年里曾赋予人类最大利益的人。

上述利息分成相等的五份,其分配办法如下:一份给予在物理学领域内做出最重要发现或发明的人;一份给予在化学领域做出最重要发现或改进的人;一份给予在生理学或医学领域内做出最重要发现的人;一份给予在文学方面创作出具有理想主义倾向的最杰出作品的人;最后一份给予曾经为促进国家之间友好,为废除或裁减常备军,以及为举行和促进和平会议做出最多或最好工作的人。物理学和化学奖由瑞典科学院颁发;生理学或医学奖由设在斯德哥尔摩的卡罗琳医学院颁发;文学奖由设在斯德哥尔摩的文学院颁发;和平奖得主由挪威议会选出的一个五人委员会确定。

我明确希望,在颁奖时不必考虑获奖候选人的国籍,不管他是否为斯堪的纳维亚人,获奖者都应当是最杰出的人士。

我特此委任居住在韦姆兰省波福什的拉格纳·索尔曼先生和居住在斯德哥尔摩市马尔姆斯基街31号、有时也居住在乌德瓦拉附近本茨福什的鲁道夫·里尔雅克斯特先生,为我的遗嘱执行人,请他们依据遗嘱进行安排。为了补偿他们所付出的心血,我拨给拉格纳·索尔曼先生(他可能要把大部分时间用于此事)10万克朗,拨给鲁道夫·里尔雅克斯特先生5万克朗。

现在我的资产,部分是巴黎和圣雷莫的房地产,部分是寄存在下述地点的债券,即格拉斯哥和伦敦的苏格兰联合银行，里昂信贷银行，法国国立贴现银行，巴黎的阿尔芬·梅辛公司；大西洋银行以及巴黎的证券经纪人M.V.彼得；柏林的贴现公司管理处和约瑟夫金首饰公司；俄罗斯中央银行，圣彼得堡的伊曼纽尔·诺贝尔先生；哥德堡和斯德哥尔摩的斯堪的纳维亚信贷银行，巴黎马拉科夫大街59号我的保险箱内；再就是应收账、专利权、专利费或所谓的使用费等等。我的遗嘱执行人将会在我的报纸和书籍中找到相关的全部信息。

这份遗嘱，是迄今唯一有效的遗嘱，与此同时，取消我以前所作的全部遗嘱安排，以防在我去世后，存在任何一种这样的遗嘱。

最后，我明确请求，在我死后切开我的静脉——如果这样做了，主管医生就可以确诊导致死亡的病症，然后将我的遗体置于所谓的焚尸炉内焚化。

1895年11月27日

阿尔弗雷德·伯纳德·诺贝尔

在这份遗嘱后面是四位证人提供的证词：

阿尔弗雷德·伯纳德·诺贝尔先生，精神健康，出于自愿，他宣布上述内容是他的最后遗嘱。他已经签名，在他和其他各位都在场的情况下，我们同样于此签上我们的名字作为证人：

西古尔德·埃伦伯　　　前陆军中尉　　　巴黎豪斯曼

大街84号		
格索斯·诺登费尔特	造船技师	巴黎奥贝尔街8号
R.W.斯特雷纳	土木工程师	加罗林路4号
特伦纳德·哈斯	土木工程师	加罗林路4号

这份遗嘱在1896年6月被诺贝尔存放在斯德哥尔摩的一家私人银行（也就是恩斯基尔德银行的信托部）。

诺贝尔去世后，索尔曼在整理诺贝尔的遗书时发现了他在1893年3月14日时立下的第二封遗书，但是在这封遗书上诺贝尔清楚地写着"已作废，一切以我于1895年11月27日的最后遗嘱为准"的字样。但是，由于两份遗嘱的前后内容相差过大，还是引起了一场不必要的麻烦。

2. 麻烦不断

诺贝尔一直都不认为自己的大宗遗产对后人是一件好事。他曾经对自己的好友说："我恐怕我的遗产会成为后人的累赘，如果我将这些钱全部留给他们，可能会导致他们的懒惰。一个拥有财富的人只需要把自己一小部分钱留给与他有关系的人即可。不然，这些钱将会成为阻碍人们友爱的东西。"

诺贝尔将自己一生的精力投入到科学的探索中去，而对人性却显然没有足够的了解。他很难想到，在他去世后短短几天，针对他的遗产，就在世上引起了一场轩然大波，不仅他的亲友对他的遗嘱不满意，就连媒体都对此大做文章。

1897年1月2日，一家瑞典报纸将诺贝尔的遗嘱刊登出来，人们针对这笔天文数字的遗产展开了激烈的讨论。一些人站在了诺贝尔这一边，他们认为诺贝尔的行为再次证明了他的伟大，他给这个世界上的人们留下了一份伟大的礼物。在支持者看来，这是瑞典历史上第二份最伟大的遗嘱（第一份来源于瑞典前国王古斯塔夫斯·阿道夫斯，他曾经将自己的遗产贡献给瑞典的知名大学，使得这些大学得以生存和发展）。

但是与支持的声音相比，反对的声音更多一些。一些"批评家"公开在报纸上与支持者们展开论战。他们认为，诺贝尔的遗嘱看上去荒谬至极，他没有给瑞典留下任何财富，完全忽视了瑞典人的利益，他将钱大把大把地撒给了那些外国的科学家，却还要挪威政府来执行——诺贝尔老糊涂了。

除了从国家利益的角度出发外，批评家们还坚定地认为，诺贝尔遗嘱中所指定的授奖团体一定会遇到种种困难，因为这个颁奖过程实在有着太多的环节，每一个环节都有可能导致贪污和腐败，如果真的出现这样的问题，诺贝尔的遗嘱将会成为天下最滑稽的遗嘱。

在批评者中，有一位非常知名的"左"倾的社会民主党人——雅尔马·布兰廷，他在报纸上发表了题目为《阿尔弗雷德·诺贝尔的遗嘱——高尚的意图，巨大的错误》的文章，这篇文章惊人地占据了四个版面。在这篇文章里，布兰廷几乎对诺贝尔的遗嘱进行了全面否定，他甚至坚定地认为，瑞典人民群众有权利分享诺贝尔的所有财富。

就在诺贝尔的遗嘱还没有理清的时候，针对他的遗嘱，人们又开始对他的国籍展开了争论。之所以对他的国籍展开讨论，是因为人们试图通过法律的形式来干预诺贝尔遗嘱的执行，因为每个国家的法律是不同的，诺贝尔的遗嘱在不同的国家也就有了不同的法律效应。

这个问题确实难住了很多人，毫无疑问的是，诺贝尔是瑞典人，但是他从幼年时期就离开了瑞典，长期居住在俄国，以至于说他是一个俄国人一点问题都没有。成年后，诺贝尔先后在俄国、英国、法国、德国、瑞典等多个国家居住和生活过，尤其是法国一度是诺贝尔养老的地方，但是在意大利的圣雷莫，诺贝尔同样拥有一套豪华的寓所。

在一些法律界人士看来，如果诺贝尔的户籍问题不能很好地解决，那他的遗产就很难根据一国的法律做出裁定，这在很多人看来是有机可乘的，一些诺贝尔的亲人和好友也纷纷开始钻起法律的漏洞，试图为自己争取更多的利益。

当时的一些主流思想认为，诺贝尔的户籍地应该在法国，因为他长时间居住在法国，而且在不同的场合公开表达过对巴黎的热爱。但是问题接踵而至，如果将诺贝尔的户籍确定为法国，那么诺贝尔的遗嘱将受到非常大的挑战，因为在法国律师们看来，这份遗嘱漏洞百出，仅仅用拿破仑法典就能成功地对它进行一番"再理解",那时诺贝尔的财产分割将引来巨大的麻烦。

更重要的一点是,诺贝尔一旦被确定为法国籍,那么他在其他国家的财产,尤其是在德国的财产将会面临严重的挑战,因为法国政府会通过法院将它们的所有权收归国有,这将意味着诺贝尔的遗产还没来得及按遗嘱处理,就已经被法国政府征收了遗产税。

经过长时间的权衡后,遗嘱执行人索尔曼认为诺贝尔最后三年都待在了瑞典的博福斯,因此应该将这里定为诺贝尔的户籍地。因为博福斯属瑞典卡尔斯库加县管辖,诺贝尔遗嘱的相关事宜也交由卡尔斯库加法院进行处理。

在确定了诺贝尔的户籍地之后,索尔曼和里尔雅克斯特聘请了瑞典上诉法院的法官卡尔·林达哈根作为他们的法律顾问。有了卡尔·林达哈根的帮助,索尔曼和里尔雅克斯特的工作变得顺利了很多。

1897年1月中旬,索尔曼前往法国,办理对诺贝尔在法国的财产进行清算的事宜。到达巴黎后,索尔曼联系到瑞典驻法国的总领事古斯塔夫·诺达林先生,向他寻求帮助。

诺达林给了索尔曼非常大的帮助,久居法国的他为索尔曼等人提供了符合法国法律的文件《习惯法汇编》,根据这份汇编索尔曼很快就完成了马拉科夫大街诺贝尔公馆内的家什和私人财产的登记工作,并且将诺贝尔存在巴黎各家银行的证券清单也一并列了出来。为了方便起见,在征得里尔雅克斯特的同意后,索尔曼将诺贝尔的证券全部转移到了法国国立贴现银行的三个保险箱内。

处理完法国的遗产后，索尔曼与里尔雅克斯特又一刻不停地赶往伦敦。在那里，他们得到了诺贝尔在英国的遗产顾问沃伦先生的帮助。与法国相比，这里的工作简单了很多，索尔曼很快就将诺贝尔生前的财产摆上了货架。

在索尔曼忙着转移诺贝尔的财产时，诺贝尔的亲属们也没有闲着。出于各种各样的考虑和担心，他们极力地反对索尔曼等人将"诺贝尔兄弟石油公司"和许多"达纳炸药"企业中的诺贝尔股票出售。因此，他们催促索尔曼等人在法国解决掉诺贝尔的遗嘱问题，这是因为法国的法律和法院能够最大程度上维护他们的利益。

在诺贝尔亲属的再三催促下，索尔曼加快了转移财产的步伐。他们将存在法国的全部证券转移到瑞典驻法国领事馆。在转移的路途中，索尔曼都紧紧地握着自己手中的左轮手枪——他不敢有丝毫的大意，因为这几百万的财产在当时无异于一笔天文数字。到达使馆后，在诺达林的帮助下，索尔曼将这些证券票据逐一进行登记，包扎成捆，然后密封，再拿到邮局去，寄往英国伦敦和瑞典斯德哥尔摩早已商量好的银行。

具有戏剧性的是：一天，索尔曼等人在使馆内进行证券登记和包装的时候，诺贝尔的侄子雅尔马和路德维希以及侄女婿里德斯托普来到了使馆——他们来这里寻求诺达林的帮助。为了稳住诺贝尔的亲属，诺达林在使馆的另一间房屋里接待了他们。争夺遗产的双方就这样在同一个屋檐下就同一个问题请教了同一个人。

当索尔曼将所有的一切都搞定后,他主动邀请诺贝尔的亲属们共进了晚餐,他希望自己能够缓和与诺贝尔亲属之间的紧张关系。索尔曼试图告诉所有诺贝尔的亲属,他只是在谨慎地、认真地完成诺贝尔交给自己的任务,他希望双方能够在平和的环境中达成和解。

让索尔曼没有想到的是,晚餐一直都在紧张的氛围中进行着,诺贝尔的亲属们似乎并没有意识到自己行为的错误性,他们依然咄咄逼人地要求索尔曼在法国解决诺贝尔的遗产问题,并声称法国是检验遗嘱合法性的唯一法院。

由于无法取得良好的沟通,索尔曼只好坦言相告。他对诺贝尔的家属说:"有一件事非常遗憾,不久之前我们刚刚将诺贝尔先生的所有财产以及证券文件转移出法国,我认为诺贝尔先生并不愿意看到这一幕。"索尔曼的这番话犹如一枚效果强大的达纳炸药,引发了一场更大的矛盾。

3. 迟到的和解

利益往往会冲昏人们头脑中仅存的理智,金钱则会让人迷失。面对诺贝尔的巨额财产,诺贝尔的亲属们似乎没有感受到他的良苦用心,他们一味地想将自己的利益最大化,一味地想得到更多的金钱。为此,他们不惜将这场闹剧继续扩大化——在天堂的诺贝尔知道这一幕后,不知会怎么想。

在索尔曼将法国的资产转移出境后,以雅尔马为首的诺贝尔亲属在第一时间向法国的法庭提起了诉讼,他们如同受害者一般委屈,要求法院尽快将诺贝尔在巴黎马拉科夫大街的住宅封存起来,防止遗嘱执行人将它售卖出去。法国法院在接到诉讼后不久,就判定这所住宅不能出售,这使得诺贝尔所有遗产变现的愿望受到了挫折。

紧接着雅尔马火速赶到了德国。经过层层关系后,雅尔马弄到了财产扣押许可证。当索尔曼来到德国申请处理诺贝尔遗产的时候,索尔曼受到了德国法院的阻挠。德国受阻极大地打击了索尔曼,因为长久以来诺贝尔一直都在苦苦经营德国的生意,存放在德国银行和其他公司的资产高达600万马克,这让后来的诺贝尔基金蒙受了巨大损失。

就在双方如火如荼地上演着遗产争夺战的时候,瑞典一份报纸又开始跳出来蛊惑人心,他们公开指责索尔曼和里尔雅克斯特在出卖瑞典人民的利益,并质问他们:受益人究竟在哪里?这确实是一个非常尖锐的问题,因为当时诺贝尔基金会并不存在——如此,诺贝尔的遗嘱是难以被人接受和承认的。

这一观点的抛出对民众产生了非常大的影响,在他们看来,诺贝尔遗嘱中的受益人并不确定,因此诺贝尔的亲属便成为了他遗产的合法继承人,而索尔曼等人以基金会管理机构的名义对诺贝尔财产进行肆意的抢占,是不合乎情理的,是违背法律的。来自民间的呼声让索尔曼有些吃不消。但是,为了帮助诺贝尔实现临终遗愿,索尔曼还是硬撑了下来。

就在索尔曼备感无望的时候，瑞典政府适时地出现在了他面前。1897年5月，瑞典政府责令检查总长务必使用一切必要的调节手段，促使诺贝尔的遗嘱生效，也就是说瑞典政府公开承认了诺贝尔遗嘱的有效性。

然而，一石激起千层浪，在瑞典政府做出决定后，一些诺贝尔在遗嘱中指定的评奖机构却开始公开站出来反对。瑞典文学院院长汉斯·福塞尔称自己不会参加任何有关评奖细则的讨论，因为他不明白遗嘱中"在斯德哥尔摩的文学院"这句话指的究竟是谁，要知道在斯德哥尔摩有很多文学院。

同样，瑞典皇家科学院也公开抵制执行诺贝尔遗嘱，他们拒绝为诺贝尔遗嘱中的物理学奖和化学奖进行评估。瑞典皇家科学院在瑞典科学界有着举足轻重的作用，他们的这个决定大大地增加了索尔曼和里尔雅克斯特两个人的工作难度。

瑞典文学院和瑞典皇家科学院的做法给诺贝尔的亲属们打了一针强心剂，眼见无法在国外法院扩大战果，他们决定在瑞典的法院与索尔曼和里尔雅克斯特进行最后的决战。在卡尔斯库加县法院开庭进行第一次审理的时候，诺贝尔亲属先后组织了若干次的抗议活动。他们一再抓住遗嘱中存在的法律缺陷不放，要求法院对遗嘱内容做出更改，法院自然不肯答应。

就在案件审理进行到关键时刻，索尔曼这里出了点问题：由于诺贝尔的遗产分散在世界各地，再加上诺贝尔亲属们的干扰，索尔曼在处理这笔庞大的遗产时花费了很多的时间,这使得原本计划好的遗嘱执行时间一拖再拖,索尔曼只能三番五次向卡尔斯库加县法院申请延期审理。

瑞典法律规定,年轻人在到达一定的年龄后必须去部队服役,深感责任重大的索尔曼几次向当局申请豁免权,但都遭到了拒绝。可怜的索尔曼不得不放下手头的遗嘱工作,前往瑞典的一个步兵团接受为期70天的训练,这让遗产清算出售事务又耽搁了一段时间,诺贝尔的遗产总额受到了直接影响。

就在索尔曼和里尔雅克斯特忙得焦头烂额的时候,瑞典政府开始大张旗鼓地支持他们两人,媒体环境也在一夜之间陡然好转,那些在报纸上指名道姓对他们进行攻击的言论开始减少,气氛一下变得缓和起来。就在索尔曼和里尔雅克斯特不明就里的时候,瑞典国王奥斯卡二世召见了诺贝尔的亲属代表小伊曼纽尔。

1898年2月,奥斯卡二世做出表态,他认为诺贝尔的遗嘱是具有世界性的,人们应该尊重一个伟大发明家的宏大愿望,而不能因为一己私利损害诺贝尔的遗愿。在接见小伊曼纽尔时,小伊曼纽尔坚持认为自己的叔父是一个空想者,他所向往的"世界永久的和平"不过是海市蜃楼一般的虚假目标。

小伊曼纽尔的观点遭到了奥斯卡二世的反对,他承认诺贝尔的遗嘱在形式上存在着太多的漏洞,而且有些提法也是非常模糊的,这让执行人在执行的过程中充满了困难。但是,奥斯卡二世认为遗嘱的大方向是正确的,有缺陷和不清楚的地方完全可以通过简单的修改来进行弥补。

经过国王的再三规劝后，伊曼纽尔不好再固执下去。他答应奥斯卡二世回去劝说其他亲属，并在离开之前对国王说："我不会让我的亲属们背上盗窃者的骂名，他们理应受到后世科学家的尊重。家族的利益固然重要，但是我们不应该为此而篡改我可怜的叔父的遗愿。诺贝尔家族将会协同执行人将这份遗嘱执行下去。"

这次会面结束后，诺贝尔家族在遗嘱的执行上做出了巨大的让步。为了保证家族的利益不受到其他金融实力的渗透，伊曼纽尔向索尔曼提出一个要求，购买诺贝尔生前的全部股份，这样他们可以继续经营诺贝尔旗下的产业。索尔曼见诺贝尔家族做出了如此巨大的让步，也不好再坚持什么，他将诺贝尔的所有股份按原价出售给诺贝尔家族，总价值为384万瑞典克朗。

伊曼纽尔的让步使诺贝尔家族重新审视了过去几年来因为遗产而产生的诸多纠纷，他们开始逐渐反省自己对于财富的态度。在索尔曼召开的一次颁奖会议上，诺贝尔家族的重要成员悉数亮相，他们在会议上集体声明，诺贝尔的遗嘱是合法的，也是唯一的。

国王出面，诺贝尔家族与执行人达成和解，这让瑞典文学院的态度发生了巨大的转变，以常务秘书沃森为代表的积极派，开始公开发表支持诺贝尔遗嘱的言论。他们在一篇公开的文章中说道：

我们不能眼睁睁地看着一个伟大的奖项因为我们的

愚蠢而化为泡影，我们应该给这个世界上最伟大的作家们一次机会，让他们感受到诺贝尔先生的爱。

我无法想象，当暴风雨般的批评和指责接踵而至的时候，我们应该如何面对这些谴责，我们没有权利破坏伟大的诺贝尔先生的美好愿望。

我们总会从现在的位子上离开，如果我们的继任者发现他们的前任为了省事而放弃如此重要的一个奖项，一个影响世界文学史的机会时，他们会觉得不可思议，不，他们会觉得我们蠢透了。

沃森的提议最终赢得了瑞典文学院大多数人的支持，汉斯·福塞尔院长的态度也因此发生了巨大的改变，而瑞典皇家科学院也开始积极地履行诺贝尔在遗嘱中赋予他们的职责。

1898年5月21日，奥斯卡二世要求瑞典总检察长以国家的名义对全国乃至世界宣布诺贝尔的遗嘱正式生效。5月29日和6月5日，卡尔斯库加县法院分别收到了来自诺贝尔家族的两份通知。在通知中，诺贝尔家族的成员以自己及其后裔的名义，保证以后不会对诺贝尔的遗嘱产生任何异议，并保证不会对诺贝尔基金提出任何要求。

扫除了法律、诺贝尔家族两大障碍后，瑞典政府于1900年6月29日正式宣布诺贝尔基金会成立，同时以法律的形式制定了瑞典各授奖团体的特别法则。让人感动的是奥斯卡二世对于诺贝尔奖的大力支持，他不仅给予诺贝尔基金会极高的赞誉，还亲自为那些获得诺贝尔奖的人颁发奖金。

4. 诺贝尔奖

在索尔曼坚持不懈的努力下，诺贝尔的遗嘱终于得到了世人的认可。但是，他的工作并没有因此而结束；相反，他开始了更加忙碌的工作，因为诺贝尔基金会的成立迫在眉睫。

1900年，在瑞典国王的大力推动下，诺贝尔基金会的建设有所进展。同年6月29日，奥斯卡二世在议会颁布了诺贝尔基金会管理条例，这意味着诺贝尔基金会正式成立，而这时诺贝尔离开人世已经三年半了。

诺贝尔基金会成立后，从诺贝尔的遗产中继承了3100多万瑞典克朗，根据瑞典议会颁布的管理条例，这笔钱的大部分——约2800万克朗——用作了主要基金，也就是奖金基金，剩下的一小部分用来设立建筑物基金，这部分基金主要用来建设行政大楼和举行授奖仪式时租用大厅。

在索尔曼的领导下，基金会包括了理事会及董事会，同时下面还包含有四家颁奖机构，他们分别是诺贝尔遗嘱中提到的瑞典皇家科学院、皇家卡罗琳医学院、瑞典科学院和挪威议会的诺贝尔委员会。五家诺贝尔委员会包括"和平奖委员会"、"文学奖委员会"、"化学奖委员会"、"医学奖委员会"、"物理学奖委员会"。此外，还有四个诺贝尔学会，分别对四家颁奖机构负责。

其中，五个诺贝尔委员会分别由三到五名委员构成，这些委员主要负责人物的推荐和评议工作，诺贝尔奖获得者正是由此而来。为了保持客观公正，在一些特殊情况下，可以增加临时委员会，与委员会成员相同，临时委员会也有权参与各项决定。

诺贝尔委员学会最初主要是承担奖金颁发的任务，但到后期则主要是用各种各样的方式推行诺贝尔基金会的宗旨，从而让人们更好地了解诺贝尔委员会的性质。

诺贝尔学会的负责人和职员大多数是由奖金的颁发机构通过商讨来确定的，这种任命同样不分国籍，奉行"能者居之"的选拔立场。基金会的董事长则主要从诺贝尔学会成员中选举产生，他的主要任务是管理基金和基金会的其他财产。诺贝尔基金会的真正负责人一般是基金会的行政负责人，他的职位在诺贝尔基金会中非常重要。

作为诺贝尔的重要合作伙伴，索尔曼在诺贝尔基金会的各个位置都曾任职，最后担任诺贝尔基金会的执行主任。在他管辖的几十年时间里，诺贝尔基金会得到了平稳的发展，他始终将诺贝尔的遗嘱作为自己工作的指导方针，使得诺贝尔基金会得到了长足的发展。

从1901年2月1日开始，诺贝尔基金会正式开始收集获奖候选人的材料进行初步筛选。为了确保材料的真实性，基金会下属的研究所会对候选人推荐的研究成果进行详细的调查和分析。同时，基金会还规定推荐的材料必须用瑞典语、英语、法语、德语和拉丁语写出，以寻求在更大范围内让更多的人对候选者的材料有所了解。

初次筛选通过后，诺贝尔委员会的成员将进行一次详尽的分析和辩论，并从中挑选出一名有资格获得诺贝尔奖的候选者的资料，秘密提交给诺贝尔颁奖委员会。这个时间一般在每年的9月份左右。

在诺贝尔奖的评定过程中，除了和平奖外，一份奖的获奖人数不得超过三人。诺贝尔和平奖可以授予社会机构和特定的社团组织。比如：国际红十字会就先后多次获得了诺贝尔和平奖。

诺贝尔委员会在评选出恰当的候选人后，由诺贝尔颁奖委员会再次进行重新审核。与诺贝尔委员会相比，颁奖委员会有着更大的权力——即使之前诺贝尔委员会一致通过了对某个候选人的提名，颁奖委员会仍然有权将其否决掉。

经过诺贝尔颁奖委员会的提名后，颁奖委员会在内部举行秘密投票，并于当年10月中旬对外公布评选结果，最迟不得超过每年的11月15日。

评选结果有着非同一般的权威性，即使在筛选过程中有所失误，也一律不得更改，而且基金会严禁上诉。整个评选过程都在十分机密的情况下进行，因为候选人的评选不仅涉及到诸多科学家和著作，而且还关系到诺贝尔的声誉，一旦提前泄露出去，必然会引发一些不必要的麻烦。

诺贝尔基金会还规定，对已经去世的研究者不予评选。但是，如果获奖人是在颁奖决定做出之后去世的，则仍然进行授奖。2011年，诺贝尔医学奖获得者、加拿大科学家拉尔夫·斯坦曼即在此列。

诺贝尔颁奖典礼则在每年的12月10日举行，这一天是诺贝尔的逝世纪念日，颁奖典礼同时在挪威首都奥斯陆和瑞典首都斯德哥尔摩举行。

获奖者对于诺贝尔委员会的唯一义务是在举行授奖仪式的前后数天内，发表一次有关他们如何完成获奖工作的演讲，而他们的权利是分享巨额的诺贝尔奖金。

诺贝尔奖的奖金主要通过诺贝尔基金会的安全投资获得，这是诺贝尔在遗嘱中再三叮嘱的，索尔曼自然不敢大意，他通过多种渠道找到了欧洲最可靠的投资基金进行投资，并且按照基金会的管理条例，将这些钱投放在"安全的证券"上。

20世纪初期，索尔曼将这些钱主要用在了国债和贷款投资上，因为这些投资往往能够获得对方的财产抵押，或者有中央或地方政府做担保，这使得基金会在某种程度上只会稳赚不赔。

不过，还是有一件事让索尔曼感到棘手，那就是税收问题。在1914年以前，索尔曼曾多次要求对基金会的投资活动进行适当的税收减免，但是他的呼吁一直没有引起人们的重视，诺贝尔基金会不得不缴纳10%的税率。鉴于所缴税率不高，诺贝尔基金会能够勉强维持。

1915年后，瑞典政府审议通过了"临时国防税"，这让诺贝尔基金会缴纳的税率成倍提高，以至于出现了入不敷出的现象。到1923年时，诺贝尔基金会的奖金创下了基金会创立以来的最低值。从此以后，是否减免基金会的税收问题始终困扰着瑞典议会，索尔曼更是在会议上据理力争，将缴税问题给基金会带来的负面影响进行了详细的汇报。

1946年，为了鼓励人们在科学创新上的不断努力，瑞典国会一致通过决议，同意基金会享受免税的待遇。这一决议随后影响了美国政府，他们规定诺贝尔基金会在美国的投资活动享受免税待遇。

随着索尔曼的离世，诺贝尔基金会的投资方向也开始由保守转向积极。尤其是在1953年后，随着瑞典政府批准诺贝尔基金会可以独立投资，基金会的钱开始投入到股市和不动产中，这是诺贝尔基金会投资史上一次里程碑式的变化。随着现代金融市场风起云涌的变化，诺贝尔基金会虽然在市场上屡有斩获，但是资产的增值并不明显。

1987年，诺贝尔基金会做出决定，将基金会拥有的所有不动产转到一家新成立的上市公司名下，这家名叫"招募人"的公司是一家专业的投资公司，在他们接管了诺贝尔基金后，基金会的总资产呈现出显著的增长态势。诺贝尔奖金的数额也随之有了大幅度的提高。

但是，时至今日，诺贝尔奖已经不再是科学家们解决囊中羞涩的重要途径，经过一百多年的发展，诺贝尔奖在精神层面的感召力已经远远超出了物质方面。获得诺贝尔奖的人往往会得到世界范围内的认可，而他们也将在诺贝尔精神的感召下，带领着人类社会进入到更加辉煌的明天。

Appendix

ALFRED 附 录
NOBEL

诺贝尔生平

1833年10月21日，诺贝尔出生于瑞典首都斯德哥尔摩，他的父亲是一个非常有才干的发明家，这样的家庭氛围让诺贝尔从小就对科学产生了异于常人的浓厚兴趣。

1841年，诺贝尔就读于斯德哥尔摩市圣雅各布高级卫道士小学。

1842年，他随母亲迁居俄国圣彼得堡，与父亲团聚。

1848年，诺贝尔开始与父亲一起在实验室中研制炸药。这段经历让诺贝尔对炸药产生了浓厚的兴趣，并与之结下了不解之缘。在随后几十年的时间里，他都将炸药的研发当成了自己毕生的事业。

1864年9月3日，诺贝尔的弟弟埃米尔在一次硝化甘油的实验中失去了宝贵的生命。这次事故让诺贝尔意识到了炸药的危险性，同时也意识到安全炸药的生产迫在眉睫。

为了尽快研发出安全炸药，诺贝尔进行了反复的实验。为了防止悲剧的再次上演，瑞典政府多次对诺贝尔的实验提出警告，并且严厉地制止他在市区内进行相关方面的任何工作。但是，诺贝尔仍然在郊区的船舶上将这项实验进行了下去。

随着雷酸汞引爆物的发现，诺贝尔在安全炸药方面的研究取得了巨大突破。

在炸药研发取得巨大成就的同时，诺贝尔也在实业方面取得了非常大的成功。从1865年3月在瑞典温特维肯建立全世界第一座硝化甘油工厂开始，他先后在德国的汉堡开办了多家诺贝尔公司；在乔迁法国之后，仅仅法国的诺贝尔公司就达到了七家，而在英国，这个数目更是达到了八家。

成为工业巨富的诺贝尔在投资领域也表现出了极高的天赋，他曾经委托自己的大哥在俄罗斯开办化工厂，生产各种化学制品。这为他的炸药实验提供了非常大的帮助。与此同时，诺贝尔还投资了"诺贝尔兄弟石油公司"。相对于他的大多数工厂来说，"诺贝尔兄弟石油公司"是他一生中最大的一棵摇钱树。

19世纪末期，诺贝尔的公司遍及了21个国家，拥有90余座工厂，雇工多达万余人，成为了当时最为庞大的跨国企业之一。除了在炸药发明方面取得巨大的成就外，诺贝尔在其他领域也取得了一定的成绩：

在1857年，诺贝尔发明了气体计量仪，这让他获得了炸药领域外的科学专利；时隔两年之后，诺贝尔又发明了液体计量仪和改进型压力计，这些仪器的发明创造都表现了诺贝尔在科学研究方面所具备的无与伦比的创造力。

1861年，在经过长时间的准备后，诺贝尔的作品《在最明亮的非洲》脱稿，这部作品让人们认识到诺贝尔在文学方面同样具备着令人叹服的想象力。

1896年12月10日凌晨2点，诺贝尔在意大利圣雷莫去世，享年63岁。

诺贝尔年表

1833年10月21日,诺贝尔出生于瑞典首都斯德哥尔摩。

1837年,父亲生意破产,远赴芬兰谋生。

1841年,就读于斯德哥尔摩市圣雅各布高级卫道士小学;父亲去了俄国圣彼得堡。

1842年,全家迁居圣彼得堡。

1848年,终止学业,在父亲的工厂当助手。

1850年,赴欧美旅行学习。

1855年,开始接触硝化甘油。

1857年,首次取得气体计量仪发明专利。

1859年,发明液体计量仪和改进型压力计,并且获得专利权。

1861年,《在最明亮的非洲》脱稿;前往巴黎贷款。

1863年,回到瑞典,发明了具有划时代意义的"诺贝尔专利炸药"。

1864年,开始制造硝化甘油炸药;9月3日,海伦涅堡硝化甘油实验车间发生爆炸,其弟埃米尔丧生。

1865年,发明雷管;3月,在温特维肯建立了全世界第一座硝化甘油工厂;6月,组建德国诺贝尔公司;冬季,在克鲁姆尔建厂。

1866年，在美国设公司，建厂；克鲁姆尔工厂发生爆炸事故。

1867年，发明了性能安全的"达纳炸药"。

1868年，瑞典皇家科学院授予诺贝尔父子莱特斯蒂特金质奖章。

1871年，获准在法国制造"达纳炸药"；英国达纳炸药有限公司成立。

1873年，在巴黎马拉科夫大街购置住宅。

1875年，发明了一种既安全、爆破力又强的"爆炸胶"。

1876年，聘用贝尔塔为私人秘书；夏秋，邂逅维也纳姑娘索菲亚。

1879年，"诺贝尔兄弟石油公司"成立；移居巴黎郊外的塞夫朗—利夫里，继续从事炸药的发明研究。

1887年，发明了一种新型炸药，取名为"混合无烟火药"。

1891年，离开巴黎，移居意大利西部海岸的圣雷莫。

1893年，聘用23岁的索尔曼担任其私人助手。

1894年，在瑞典博福斯建厂，设立实验室；心脏病恶化。

1895年，在巴黎立下遗嘱，委托索尔曼和里尔雅克斯特为遗嘱执行人。

1896年12月10日凌晨2点，在意大利圣雷莫溘然去世。

1897年，诺贝尔遗嘱公布于世。

1900年，瑞典王国政府颁布法令，宣告诺贝尔基金会成立。

1901年12月10日，首次颁发诺贝尔奖。

诺贝尔奖简介

诺贝尔奖是以瑞典著名的化学家、硝化甘油炸药的发明人阿尔弗雷德·贝恩哈德·诺贝尔的部分遗产（3100万瑞典克朗）作为基金创立的。诺贝尔奖包括金质奖章、证书和奖金。

最初，诺贝尔奖分设文学、物理、化学、生理或医学、和平五个奖项，以基金每年的利息或投资收益授予前一年世界上在这些领域对人类做出重大贡献的人，1901年首次颁发。1968年，在瑞典国家银行成立三百周年之际，该银行捐出大额资金给诺贝尔基金，增设"瑞典国家银行纪念诺贝尔经济科学奖"，1969年首次颁发——人们习惯上称这个额外的奖项为诺贝尔经济学奖。

诺贝尔奖的奖金总是以瑞典的货币瑞典克朗颁发，每年的奖金金额视诺贝尔基金的投资收益而定：1901年第一次颁奖的时候，每单项的奖金为15万瑞典克朗（当时相当于瑞典一个教授工作20年的薪金）；1980年，诺贝尔奖的单项奖金达到100万瑞典克朗；1991年为600万瑞典克朗；1992年为650万瑞典克朗；1993年为670万瑞典克朗；2000年单项奖金达到了900万瑞典克朗（当时约折合100万美元）；从2001年到2011年，单项奖金均为1000万瑞典克朗（在2011年，折合约145万美元）。

诺贝尔奖颁发的奖章约重270克，内含黄金，直径约为6.5厘米，正面是诺贝尔的浮雕像，背面图案因奖项不同而不同，每份获奖证书的设计和词句也都不一样。

诺贝尔奖的颁奖仪式都是在下午举行的，为了纪念这位对人类进步和文明做出过重大贡献的科学家，在1901年第一次颁奖时，人们便选择在诺贝尔逝世的时刻举行仪式。这一有特殊意义的做法一直沿袭到现在。

诺贝尔奖的颁奖仪式隆重而简朴，每年出席的人数限于1500人到1800人；男士必须穿燕尾服或民族服装，女士要穿庄重的晚礼服；仪式中所用的白花和黄花必须从意大利小镇圣莫雷（诺贝尔逝世的地方）空运而来。

根据诺贝尔遗嘱，在评选的整个过程中，获奖人不受任何国籍、民族、意识形态和宗教信仰的影响，评选的唯一标准是成就的大小。

关于评奖机构的规定如下：遵照诺贝尔的遗嘱，物理学奖和化学奖由瑞典皇家科学院评定，生理或医学奖由瑞典皇家卡罗林医学院评定，文学奖由瑞典文学院评定，和平奖由挪威议会选出；经济学奖委托瑞典皇家科学院评定（由于它是1968年增设的，故与诺贝尔的遗嘱无关）。每个授奖单位设有一个由5人组成的诺贝尔奖委员会负责评选工作，该委员会三年一届。

每年9月至次年1月31日，诺贝尔奖委员会接受各项诺贝尔奖的候选人名单。诺贝尔奖的候选人必须经别人推荐而不得毛遂自荐，瑞典政府和挪威政府也无权干涉诺贝尔奖的评选。通常，每年推荐的候选人有1000~2000人。具有推荐候选人资格的有先前的诺贝尔奖获得者、诺贝尔奖评委会委员、特别指定的大学教授、诺贝尔奖评委会特邀教授、作家协会主席（文学奖）、国际性会议和组织（和平奖）。

从每年2月1日起，各项诺贝尔奖评委会对推荐的候选人进行筛选、审定，工作情况严加保密；10月中旬，评委会公布各项诺贝尔奖获得者名单；12月10日（诺贝尔逝世纪念日），在斯德哥尔摩和奥斯陆分别隆重地举行诺贝尔奖颁发仪式，瑞典国王及王后出席并授奖。

值得注意的是，1931年的诺贝尔化学奖和1961年的诺贝尔和平奖都曾颁发给已去世的人。从1974年开始，诺贝尔基金会规定，诺贝尔奖原则上不能授予已去世的人。与许多电影奖项及文学大奖不同，诺贝尔奖遵循的原则是，除了公布最终获奖者外，候选人的名单都不对外公开，并设置了50年的保密期。因此，对于每年可能出现的各种传说，说某人获得提名成为诺贝尔奖候选人，其真实性必须50年后才能得到验证。

历届诺贝尔文学奖获奖情况

获奖作者	获奖年份	国籍	获奖作品	作品体裁	颁奖辞
苏利·普吕多姆	1901年	法国	《孤独与沉思》	诗、散文合集	他的诗歌作品是高尚的理想主义、完美的艺术的代表,并且罕有地结合了心灵与智慧。
蒙森	1902年	德国	《罗马风云》	散文	今世最伟大的纂史巨匠,此点于其不朽巨著《罗马史》中表露无遗。
比昂逊	1903年	挪威	《挑战的手套》	小说	他以诗人鲜活的灵感和难得的赤子之心,把作品写得雍容、华丽而又缤纷。

米斯特拉尔	1904年	法国	《金岛》	诗、散文合集	他的诗作蕴含了清新的创造性与真正的感召力,它忠实地反映了他民族的质朴精神。
埃切加赖	1904年	西班牙	《伟大的牵线人》	剧本	由于它那独特的原始风格的丰富和杰出,作品恢复了西班牙喜剧的伟大传统。
显克微支	1905年	波兰	《第三个女人》	小说	由于他在历史小说写作上的卓越成就。
卡杜齐	1906年	意大利	《青春诗》	诗、散文合集	不仅是由于他精深的学识和批判性的研究,更重要的是为了颂扬他诗歌杰作中所具有的特色、创作气势,清新的风格和抒情的魅力。
吉卜林	1907年	英国	《老虎!老虎!》	小说	这位世界名作家的作品以观察入微、想象独特、气概雄浑、叙述卓越见长。

欧肯	1908年	德国	《精神生活漫笔》	散文	他对真理的热切追求、他对思想的贯通能力、他广阔的观察，以及他在无数作品中，辩解并阐释一种理想主义的人生哲学时，所流露的热诚与力量。
塞尔玛·拉格洛夫	1909年	瑞典	《骑鹅旅行记》	小说	由于她作品中特有的高贵的理想主义、丰富的想象力、平易而优美的风格。
海泽	1910年	德国	《特雷庇姑娘》	小说	表扬这位抒情诗人、戏剧家、小说家以及举世闻名的短篇小说家，在他漫长而多产的创作生涯中，所达到的充满理想主义精神之艺术至境。

梅特林克	1911年	比利时	《花的智慧》	剧本	由于他在文学上多方面的表现，尤其是戏剧作品，不但想象丰富，充满诗意的奇想，有时虽以神话的面貌出现，还是处处充满了深刻的启示。这种启示奇妙地拨动了读者的心弦，并且激发了他们的想象。
霍普特曼	1912年	德国	《群鼠》	剧本	欲以表扬他在戏剧艺术领域中丰硕、多样的出色成就。
泰戈尔	1913年	印度	《吉檀迦利·饥饿石头》	诗	由于他那至为敏锐、清新与优美的诗；这诗出之于高超的技巧，并由于他自己用英文表达出来，使他那充满诗意的思想业已成为西方文学的一部分。
	1914年				（未颁奖）

罗曼·罗兰	1915年	法国	《约翰·克里斯多夫》	小说	文学作品中的高尚理想和他在描绘各种不同类型人物时所具有的同情和对真理的热爱。
海顿斯坦	1916年	瑞典	《朝圣年代》	诗	褒奖他在瑞典文学新纪元中所占之重要代表地位。
盖勒鲁普	1917年	丹麦	《磨坊血案》	小说	因为他多样而丰富的诗作——它们蕴含了高超的理想。
彭托皮丹	1917年	丹麦	《天国》	小说	由于他对当前丹麦生活的忠实描绘。
	1918年				（未颁奖）
斯皮特勒	1919年	瑞士	《奥林帕斯之春》	诗	特别推崇他在史诗《奥林帕斯之春》的优异表现。
哈姆生	1920年	挪威	《大地硕果·畜牧曲》	小说	为了他划时代的巨著《土地的成长》。

法朗士	1921年	法国	《苔依丝》	小说	他辉煌的文学成就，乃在于他高尚的文体、怜悯的人道同情、迷人的魅力，以及一个真正法国性情所形成的特质。
马丁内斯	1922年	西班牙	《不吉利的姑娘》	剧本	由于他以适当方式，延续了戏剧之灿烂传统。
叶芝	1923年	爱尔兰	《丽达与天鹅》	诗	由于他那永远充满着灵感的诗，它们透过高度的艺术形式展现了整个民族的精神。
莱蒙特	1924年	波兰	《福地》	小说	我们颁奖给他，是因为他的民族史诗《农夫们》写得很出色。
萧伯纳	1925年	爱尔兰	《圣女贞德》	剧本	由于他那些充满理想主义及人情味的作品——它们那种激动性讽刺，常蕴含着一种高度的诗意美。

黛莱达	1926年	意大利	《邪恶之路》	小说	为了表扬她由理想主义所激发的作品，以浑柔的透彻描绘了她所生长的岛屿上的生活；在洞察人类一般问题上，表现的深度与怜悯。
柏格森	1927年	法国	《创造的进化》	散文	因为他那丰富的且充满生命力的思想，以及所表现出来的光辉灿烂的技巧。
温塞特	1928年	挪威	《新娘·主人·十字架》	小说	主要是由于她对中世纪北国生活之有力描绘。
托马斯·曼	1929年	德国	《布登勃洛克一家》	小说	由于他那在当代文学中具有日益巩固的经典地位的伟大小说《布登勃洛克一家》。
刘易斯	1930年	美国	《白璧德》	小说	由于他充沛有力、切身和动人的叙述艺术，和他以机智幽默去开创新风格的才华。

卡尔菲特	1931年	瑞典	《荒原和爱情》	诗	由于他在诗作的艺术价值上,从没有人怀疑过。
高尔斯华绥	1932年	英国	《有产者》	小说	为其描述的卓越艺术——这种艺术在《福尔赛世家》中达到高峰。
蒲宁	1933年	俄国	《米佳的爱情》	小说	由于他严谨的艺术才能,使俄罗斯古典传统在散文中得到继承。
皮蓝德娄	1934年	意大利	《寻找自我》	剧本	他果敢而灵巧地复兴了戏剧艺术和舞台艺术。
	1935年				(未颁奖)
奥尼尔	1936年	美国	《天边外》	剧本	由于他剧作中所表现的力量、热忱与深挚的感情——它们完全符合悲剧的原始概念。

马丁·杜伽尔	1937年	法国	《蒂伯一家》	小说	由于在他的长篇小说《蒂伯一家》中表现出来的艺术魅力和真实性。这是对人类生活面貌的基本反映。
赛珍珠	1938年	美国	《大地》	小说	她对于中国农民生活的丰富和真正史诗气概的描述,以及她自传性的杰作。
西兰帕	1939年	芬兰	《少女西丽亚》	小说	由于他在描绘两样互相影响的东西——他祖国的本质,以及该国农民的生活时——所表现的深刻了解与细腻艺术。
	1940年				(未颁奖)
	1941年				(未颁奖)
	1942年				(未颁奖)
	1943年				(未颁奖)

扬森	1944年	丹麦	《漫长的旅行》	小说	由于借着丰富有力的诗意想象,将胸襟广博的求知心和大胆的、清新的创造性风格结合起来。
米斯特拉尔	1945年	智利	《柔情》	诗	她那由强烈感情孕育而成的抒情诗,已经使得她的名字成为整个拉丁美洲世界渴求理想的象征。
黑塞	1946年	德国	《荒原狼》	小说	他那些灵思盎然的作品——它们一方面具有高度的创意和深刻的洞见,一方面象征古典的人道理想与高尚的风格。
纪德	1947年	法国	《田园交响曲》	小说	为了他广泛的与有艺术质地的著作,在这些著作中,他以无所畏惧的对真理的热爱,并以敏锐的心理学洞察力,呈现了人性的种种问题与处境。
艾略特	1948年	英国	《四个四重奏》	诗	对于现代诗之先锋性的卓越贡献。

福克纳	1949年	美国	《我弥留之际》	小说	因为他对当代美国小说做出了强有力的和艺术上无与伦比的贡献。
罗素	1950年	英国	《哲学·数学·文学》	散文	表彰他所写的捍卫人道主义理想和思想自由的多种多样意义重大的作品。
拉格奎斯特	1951年	瑞典	《大盗巴拉巴》	小说	由于他在作品中为人类面临的永恒的疑难寻求解答所表现出的艺术活力和真正独立的见解。
莫里亚克	1952年	法国	《爱的荒漠》	小说	因为他在他的小说中剖析了人生的戏剧,对心灵的深刻观察和紧凑的艺术。
丘吉尔	1953年	英国	《不需要战争》	散文	由于他在描述历史与传记方面的造诣,同时由于他那捍卫崇高的人的价值的光辉演说。

海明威	1954年	美国	《老人与海》	小说	因为他精通于叙事艺术，突出地表现在其近著《老人与海》之中；同时也因为他对当代文体风格之影响。
拉克斯内斯	1955年	冰岛	《渔家女》	小说	为了他在作品中所流露的生动、史诗般的力量，使冰岛原已十分优秀的叙述文学技巧更加瑰丽多姿。
希梅内斯	1956年	西班牙	《悲哀的咏叹调》	诗	由于他的西班牙抒情诗，成了高度精神和纯粹艺术的最佳典范。
阿尔贝·加缪	1957年	法国	《局外人·鼠疫》	小说	由于他重要的著作，在这著作中他以明察而热切的眼光照亮了我们这时代人类良心的种种问题。
帕斯捷尔纳克	1958年	苏联	《日瓦戈医生》	小说	在当代抒情诗和俄国的史诗传统上，他都获得了极为重大的成就。

夸西莫多	1959年	意大利	《水与土》	诗	由于他的抒情诗,以古典的火焰表达了我们这个时代中,生命的悲剧性体验。
圣·琼·佩斯	1960年	法国	《蓝色恋歌》	诗	由于他高超的飞越与丰盈的想象,表达了一种关于目前这个时代之富于意象的沉思。
安德里奇	1961年	南斯拉夫	《桥·小姐》	小说	由于他作品中史诗般的力量——他借着它在祖国的历史中追寻主题,并描绘人的命运。
斯坦贝克	1962年	美国	《人鼠之间》	小说	通过现实主义的、寓于想象的创作,表现出富于同情的幽默和对社会的敏感观察。
塞菲里斯	1963年	希腊	《画眉鸟号》	诗	他的卓越的抒情诗作,是对希腊文化的深刻感受的产物。

萨特	1964年	法国	《苍蝇》	剧本	因为他那思想丰富、充满自由气息和探求真理精神的作品对我们时代发生了深远影响。
肖洛霍夫	1965年	苏联	《静静的顿河》	小说	由于这位作家在那部关于顿河流域农村之史诗作品中所流露的活力与艺术热忱——他借这两者在那部小说里描绘了俄罗斯民族生活之某一历史层面。
阿格农	1966年	以色列	《行为之书》	小说	他的叙述技巧深刻而独特,并从犹太民族的生命汲取主题。
萨克斯	1966年	瑞典	《逃亡》	诗、散文合集	因为她杰出的抒情与戏剧作品,以感人的力量阐述了以色列的命运。
阿斯图里亚斯	1967年	危地马拉	《玉米人》	小说	因为他的作品落实于自己的民族色彩和印第安传统,而显得鲜明生动。

川端康成	1968年	日本	《雪国·千鹤·古都》	小说	由于他高超的叙事性作品以非凡的敏锐表现了日本人的精神特质。
贝克特	1969年	爱尔兰	《等待戈多》	剧本	他那具有奇特形式的小说和戏剧作品,使现代人从精神困乏中得到振奋。
索尔仁尼琴	1970年	苏联	《癌症楼》	小说	由于他作品中的道德力量,借着它,他继承了俄国文学不可或缺的传统。
耶鲁达	1971年	智利	《情诗·哀诗·赞诗》	诗、散文合集	诗歌具有自然力般的作用,复苏了一个大陆的命运与梦想。
伯尔	1972年	德国	《女士及众生相》	小说	为了表扬他的作品,这些作品兼具有对时代广阔的透视和塑造人物的细腻技巧,并有助于德国文学的振兴。

怀特	1973年	澳大利亚	《风暴眼》	小说	由于他史诗与心理敍述艺术，并将一个崭新的大陆带进文学中。
马丁逊	1974年	瑞典	《露珠里的世界》	诗、小说	他的作品透过一滴露珠反映出整个世界。
约翰逊	1974年	瑞典	《乌洛夫的故事》	小说	以自由为目的，而致力于历史的、现代的广阔观点之叙述艺术。
蒙塔莱	1975年	意大利	《生活之恶》	诗、散文合集	由于他杰出的诗歌拥有伟大的艺术性，在不适合幻想的人生里，诠释了人类的价值。
贝娄	1976年	美国	《赫索格》	小说	由于他的作品对人性的了解，以及对当代文化的敏锐透视。

阿莱克桑德雷	1977年	西班牙	《天堂的影子》	诗	他的作品继承了西班牙抒情诗的传统和吸取了现代流派的风格，描述了人在宇宙和当今社会中的状况。
辛格	1978年	美国	《魔术师·原野王》	小说	他的充满激情的叙事艺术，这种既扎根于波兰人的文化传统，又反映了人类的普遍处境。
埃利蒂斯	1979年	希腊	《英雄挽歌》	诗	他的诗，以希腊传统为背景，用感觉的力量和理智的敏锐，描写现代人为自由和创新而奋斗。
米洛什	1980年	波兰	《拆散的笔记簿》	诗	不妥协的敏锐洞察力，描述了人在激烈冲突的世界中的暴露状态。
卡内蒂	1981年	英国	《迷茫》	小说	作品具有宽广的视野、丰富的思想和艺术力量。

马尔克斯	1982年	哥伦比亚	《百年孤寂》	小说	由于其长篇小说以结构丰富的想象世界，其中糅混着魔幻与现实，反映出整个大陆的生命矛盾。
戈丁尔	1983年	英国	《蝇王》	小说	在小说中以清晰的现实主义叙述手法和变化多端、具有普遍意义的神话，阐明了当代世界人类的状况。
塞弗尔特	1984年	捷克斯洛伐克	《紫罗兰》	诗	他的诗富于独创性、新颖、栩栩如生，表现了人的不屈不挠精神和多才多艺的渴求解放的形象。
克劳德·西蒙	1985年	法国	《弗兰德公路·农事诗》	小说	由于他善于把诗人和画家的丰富想象与深刻的时间意识融为一体，对人类的生存状况进行了深入的描写。
索因卡	1986年	尼日利亚	《狮子和宝石》	剧本	他以广博的文化视野创作了富有诗意的关于人生的戏剧。

布罗茨基	1987年	美国	《从彼得堡到斯德哥尔摩》	诗、散文合集	他的作品超越时空限制，无论在文学上或是敏感问题方面都充分显示出他广阔的思想及浓郁的诗意。
马哈福兹	1988年	埃及	《街魂》	小说	他通过大量刻画入微的作品——洞察一切的现实主义，唤起人们树立雄心——形成了全人类所欣赏的阿拉伯语言艺术。
塞拉	1989年	西班牙	《为亡灵弹奏》	小说	带有浓郁情感的丰富而精简的描写，对人类弱点达到的令人难以企及的想象力。
帕斯	1990年	墨西哥	《太阳石》	诗、散文合集	他的作品充满激情，视野开阔，渗透着感悟的智慧并体现了完美的人道主义。

戈迪默	1991年	南非	《七月的人民》	小说	以强烈而直接的笔触,描写周围复杂的人际与社会关系,其史诗般壮丽的作品,对人类大有裨益。
沃尔科特	1992年	特立尼达	《在绿夜里》	诗	他的作品具有巨大的启发性和广阔的历史视野,是其献身多种文化的结果。
托妮·莫里森	1993年	美国	《最蓝的眼睛》	小说	其作品想象力丰富,富有诗意,显示了美国现实生活的重要方面。
大江健三郎	1994年	日本	《小说的经验》	诗	通过诗意的想象力,创造出一个把现实与神话紧密凝缩在一起的想象世界,描绘现代的芸芸众生相,给人们带来了冲击。

谢默斯·希尼	1995年	爱尔兰	《一位自然主义者之死》	诗	由于其作品洋溢着抒情之美，包容着深邃的伦理，揭示出日常生活和现实历史的奇迹。
申博尔斯卡	1996年	波兰	《我们为此活着》	诗	由于其在诗歌艺术中精辟精妙的反讽，挖掘出人类一点一滴的现实生活背后历史更迭与生物演化的深意。
达里奥·福	1997年	意大利	《一个无政府主义者的死亡》	剧本	其在鞭笞权威，褒扬被踩躏者可贵的人格品质方面所取得的成就堪与中世纪《弄臣》一书相媲美。
萨拉马戈	1998年	葡萄牙	《盲目》	小说	由于他那极富想象力、同情心和颇具反讽意味的作品，我们得以反复重温那一段难以捉摸的历史。

君特·格拉斯	1999年	德国	《铁皮鼓》	小说	其嬉戏之中蕴含悲剧色彩的寓言描摹出了人类淡忘的历史面目。
高行健	2000年	法国	《灵山》	小说	其作品的普遍价值,刻骨铭心的洞察力和语言的丰富机智,为中文小说和艺术戏剧开辟了新的道路。
奈保尔	2001年	英国	《大河湾》	小说	其著作将极具洞察力的叙述与不为世俗左右的探索融为一体,是驱策我们从扭曲的历史中探寻真实的动力。
凯尔泰斯	2002年	匈牙利	《无形的命运》	小说	表彰他对脆弱的个人在对抗强大的野蛮强权时痛苦经历的深刻刻画以及他独特的自传体文学风格。
库切	2003年	南非	《耻》	小说	精准地刻画了众多假面具下的人性本质。
艾尔弗雷德·耶利内克	2004年	奥地利	《钢琴教师》	小说、剧本	她用超凡的语言以及在小说中表现出的音乐动感,显示了社会的荒谬事情。

哈洛德·品特	2005年	英国	《生日派对》、《哑巴侍应》、《看门人》、《回乡》、《背叛》、《从灰烬至灰烬》（重要作品，不知道哪篇获奖作品）	小说、剧本	揭露了一个人身处受压迫的封闭环境下的险境。
奥尔汉·帕穆克	2006年	土耳其	《新人生》、《白色城堡》、《黑书》、《我的名字叫红》（重要作品，不知道哪篇获奖作品）	小说	在寻找故乡的忧郁灵魂时，发现了文化冲突和融合中的新的象征。

多丽丝·莱辛	2007年	英国	《金色笔记》、《暴力的孩子们》（重要作品，不知道哪篇获奖作品）	小说	她用怀疑、热情、构想的力量来审视一个分裂的文明，其作品如同一部女性经史诗。
勒·克莱齐奥	2008年	法国	《荒漠》	小说	克莱齐奥是一位能用其作品引领人类超越现有文明和追随根源的探险家，他的作品充满人性及多元文化。
赫塔·米勒	2009年	德国	《我所拥有的我都带着》（重要作品，不知道哪篇获奖作品）	小说	她的作品兼具诗歌的凝练和散文的率直，描写了一无所有、无所寄托者的境况。

| 马里奥·巴尔加斯·略萨 | 2010年 | 秘鲁 | 《绿房子》、《中国套盒》等（重要作品，不知道哪篇获奖作品） | 小说 | 表彰他对权力结构进行了细致的描绘，对个人的抵抗、反抗和失败给予了犀利的叙述。 |

历届诺贝尔物理学奖获奖情况

获奖者	获奖年份	国籍	获奖原因
伦琴	1901年	德国	发现X射线。
洛伦兹	1902年	荷兰	关于磁场对辐射现象影响的研究。
塞曼	1902年	荷兰	关于磁场对辐射现象影响的研究。
贝克勒尔	1903年	法国	发现天然放射性。
皮埃尔·居里	1903年	法国	发现并研究放射性元素钋和镭。
玛丽·居里	1903年	法国	发现并研究放射性元素钋和镭。
瑞利	1904年	英国	气体密度的研究和发现氩。
伦纳德	1905年	德国	关于阴极射线的研究。

约瑟夫·汤姆生	1906年	英国	对气体放电理论和实验研究做出重要贡献并发现电子。
迈克尔逊	1907年	美国	发明光学干涉仪并使用其进行光谱学和基本度量学研究。
李普曼	1908年	法国	发明彩色照相干涉法（即李普曼干涉定律）。
马克尼	1909年	意大利	发明和改进无线电报。
布劳恩	1909年	德国	发明和改进无线电报。
理查森	1909年	英国	从事热离子现象的研究，特别是发现理查森定律。
范德瓦尔斯	1910年	荷兰	关于气态和液态方程的研究。
维恩	1911年	德国	发现热辐射定律。
达伦	1912年	瑞典	发明可用于同燃点航标、浮标气体蓄电池联合使用的自动调节装置。
昂内斯	1913年	荷兰	关于低温下物体性质的研究和制成液态氦。

劳厄	1914年	德国	发现晶体中的X射线衍射现象。
W.L.布拉格	1915年	英国	用X射线对晶体结构的研究。
	1916年		（未颁奖）
巴克拉	1917年	英国	发现元素的次级X辐射特性。
普朗克	1918年	德国	对确立量子论做出巨大贡献。
斯塔克	1919年	德国	发现极隧射线的多普勒效应以及电场作用下光谱线的分裂现象。
纪尧姆	1920年	瑞士	发现镍钢合金的反常现象及其在精密物理学中的重要性。
爱因斯坦	1921年	德国	他对数学物理学的成就，特别是光电效应定律的发现。
玻尔	1922年	丹麦	关于原子结构以及原子辐射的研究。
密立根	1923年	美国	关于基本电荷的研究以及验证光电效应。

西格巴恩	1924年	瑞典	发现X射线中的光谱线。
弗兰克·赫兹	1925年	德国	发现原子和电子的碰撞规律。
佩兰	1926年	法国	研究物质不连续结构和发现沉积平衡。
康普顿	1927年	美国	发现康普顿效应。
威尔逊	1927年	英国	发明了云雾室,能显示出电子穿过空气的径迹。
理查森	1928年	英国	研究热离子现象,并提出理查森定律。
路易·维克多·德·布罗伊	1929年	法国	发现电子的波动性。
拉曼	1930年	印度	研究光散射并发现拉曼效应。
	1931年		(未颁奖)
海森堡	1932年	德国	在量子力学方面的贡献。

薛定谔	1933年	奥地利	创立波动力学理论。
狄拉克	1933年	英国	提出狄拉克方程和空穴理论。
	1934年		（未颁奖）
詹姆斯·查德威克	1935年	英国	发现中子。
赫斯	1936年	奥地利	发现宇宙射线。
安德森	1936年	美国	发现正电子。
戴维森	1937年	美国	发现晶体对电子的衍射现象。
乔治·佩杰特·汤姆生	1937年	英国	发现晶体对电子的衍射现象。
费米	1938年	意大利	发现由中子照射产生的新放射性元素并用慢中子实现核反应。
劳伦斯	1939年	美国	发明回旋加速器，并获得人工放射性元素。
	1940年		（未颁奖）

	1941年		（未颁奖）
	1942年		（未颁奖）
斯特恩	1943年	美国	开发分子束方法和测量质子磁矩。
拉比	1944年	美国	发明核磁共振法。
泡利	1945年	奥地利	发现泡利不相容原理。
布里奇曼	1946年	美国	发明获得强高压的装置，并在高压物理学领域做出发现。
阿普尔顿	1947年	英国	高层大气物理性质的研究，发现阿普顿层（电离层）。
布莱克特	1948年	英国	改进威尔逊云雾室方法和由此在核物理和宇宙射线领域的发现。
汤川秀树	1949年	日本	提出核子的介子理论并预言 π 介子的存在。
塞索·法兰克·鲍威尔	1950年	英国	发展研究核过程的照相方法，并发现 π 介子。

科克罗夫特	1951年	英国	用人工加速粒子轰击原子产生原子核嬗变。
沃尔顿	1951年	爱尔兰	用人工加速粒子轰击原子产生原子核嬗变。
布洛赫	1952年	美国	从事物质核磁共振现象的研究并创立原子核磁力测量法。
珀塞尔	1952年	美国	从事物质核磁共振现象的研究并创立原子核磁力测量法。
泽尔尼克	1953年	荷兰	发明相衬显微镜。
玻恩	1954年	英国	在量子力学和波函数的统计解释及研究方面做出贡献。
博特	1954年	德国	发明了符合计数法,用以研究原子核反应和 γ 射线。
拉姆	1955年	美国	发明了微波技术,进而研究氢原子的精细结构;库什(美国)用射频束技术精确地测定出电子磁矩,创新了核理论。

布拉顿	1956年	美国	发明晶体管及对晶体管效应的研究。
巴丁	1956年	美国	发明晶体管及对晶体管效应的研究。
肖克利	1956年	美国	发明晶体管及对晶体管效应的研究。
李政道	1957年	美国	发现弱相互作用下宇称不守衡，从而导致有关基本粒子的重大发现。
杨振宁	1957年	美国	发现弱相互作用下宇称不守衡，从而导致有关基本粒子的重大发现。
切伦科夫	1958年	苏联	发现并解释切伦科夫效应。
塔姆	1958年	苏联	发现并解释切伦科夫效应。
弗兰克	1958年	苏联	发现并解释切伦科夫效应。
塞格雷	1959年	美国	发现反质子。
张伯伦	1959年	美国	发现反质子。

格拉塞	1960年	美国	发现气泡室，取代了威尔逊的云雾室。
霍夫斯塔特	1961年	美国	关于电子对原子核散射的先驱性研究，并由此发现原子核的结构。
穆斯堡尔	1961年	德国	从事γ射线的共振吸收现象研究并发现了穆斯堡尔效应。
达维多维奇·朗道	1962年	苏联	关于凝聚态物质，特别是液氦的开创性理论。
维格纳	1963年	美国	发现基本粒子的对称性及支配质子与中子相互作用的原理。
梅耶夫人	1963年	美国	发现原子核的壳层结构。
延森	1963年	德国	发现原子核的壳层结构。
汤斯	1964年	美国	在量子电子学领域的基础研究成果，为微波激射器、激光器的发明奠定理论基础。
巴索夫	1964年	苏联	发明微波激射器。

普罗霍罗夫	1964年	苏联	发明微波激射器。
朝永振一郎	1965年	日本	在量子电动力学方面取得对粒子物理学产生深远影响的研究成果。
施温格	1965年	美国	在量子电动力学方面取得对粒子物理学产生深远影响的研究成果。
费尔曼	1965年	美国	在量子电动力学方面取得对粒子物理学产生深远影响的研究成果。
卡斯特勒	1966年	法国	发明并发展用于研究原子内光、磁共振的双共振方法。
贝蒂	1967年	美国	核反应理论方面的贡献，特别是关于恒星能源的发现。
阿尔瓦雷斯	1968年	美国	发展氢气泡室技术和数据分析，发现大量共振态。
盖尔曼	1969年	美国	对基本粒子的分类及其相互作用的发现。

阿尔文	1970年	瑞典	磁流体动力学的基础研究和发现，及其在等离子物理富有成果的应用。
内尔	1970年	法国	关于反磁铁性和铁磁性的基础研究和发现。
加博尔	1971年	英国	发明并发展全息照相法。
巴丁	1972年	美国	创立BCS超导微观理论。
库柏	1972年	美国	创立BCS超导微观理论。
施里弗	1972年	美国	创立BCS超导微观理论。
江崎玲于奈	1973年	日本	发现半导体隧道效应。
贾埃弗	1973年	美国	发现超导体隧道效应。
约瑟夫森	1973年	英国	提出并发现通过隧道势垒的超电流的性质，即约瑟夫森效应。
赖尔	1974年	英国	发明应用合成孔径射电天文望远镜进行射电天体物理学的开创性研究。

赫威斯	1974年	英国	发现脉冲星。
A.N.玻尔	1975年	丹麦	发现原子核中集体运动和粒子运动之间的联系,并且根据这种联系提出核结构理论。
莫特尔森	1975年	丹麦	发现原子核中集体运动和粒子运动之间的联系,并且根据这种联系提出核结构理论。
雷恩沃特	1975年	美国	发现原子核中集体运动和粒子运动之间的联系,并且根据这种联系提出核结构理论。
丁肇中	1976年	美国	各自独立发现新的J/ψ基本粒子。
里希特	1976年	美国	各自独立发现新的J/ψ基本粒子。
安德森	1977年	美国	对磁性和无序体系电子结构的基础性研究。
范弗莱克	1977年	美国	对磁性和无序体系电子结构的基础性研究。
莫特	1977年	英国	对磁性和无序体系电子结构的基础性研究。

卡皮察	1978年	苏联	低温物理领域的基本发明和发现。
彭齐亚斯	1978年	美国	发现宇宙微波背景辐射。
R.W.威尔逊	1978年	美国	发现宇宙微波背景辐射。
格拉肖	1979年	美国	关于基本粒子间弱相互作用和电磁作用的统一理论的贡献,并预言弱中性流的存在。
温伯格	1979年	美国	关于基本粒子间弱相互作用和电磁作用的统一理论的贡献,并预言弱中性流的存在。
萨拉姆	1979年	巴基斯坦	关于基本粒子间弱相互作用和电磁作用的统一理论的贡献,并预言弱中性流的存在。
克罗宁	1980年	美国	发现电荷共轭宇称不守恒。
菲奇	1980年	美国	发现电荷共轭宇称不守恒。

西格巴恩	1981年	瑞典	开发高分辨率测量仪器以及对光电子和轻元素的定量分析。
布洛姆伯根	1981年	美国	非线性光学和激光光谱学的开创性工作。
肖洛	1981年	美国	发明高分辨率的激光光谱仪。
K.G.威尔逊	1982年	美国	提出重整群理论,阐明相变临界现象。
萨拉马尼安·强德拉塞卡	1983年	美国	提出强德拉塞卡极限,对恒星结构和演化具有重要意义的物理过程进行的理论研究。
福勒	1983年	美国	对宇宙中化学元素形成具有重要意义的核反应所进行的理论和实验的研究。
鲁比亚	1984年	意大利	证实传递弱相互作用的中间矢量玻色子[[W+]],W−和Zc的存在。
范德梅尔	1984年	荷兰	发明粒子束的随机冷却法,使质子−反质子束对撞产生W和Z粒子的实验成为可能。

冯·克里津	1985年	德国	发现量子霍耳效应并开发了测定物理常数的技术。
鲁斯卡	1986年	德国	设计第一台透射电子显微镜。
比尼格	1986年	德国	设计第一台扫描隧道电子显微镜。
罗雷尔	1986年	瑞士	设计第一台扫描隧道电子显微镜。
柏德诺兹	1987年	德国	发现氧化物高温超导材料。
缪勒	1987年	瑞士	发现氧化物高温超导材料。
莱德曼	1988年	美国	产生第一个实验室创造的中微子束,并发现中微子,从而证明了轻子的对偶结构。
施瓦茨	1988年	美国	产生第一个实验室创造的中微子束,并发现中微子,从而证明了轻子的对偶结构。
斯坦伯格	1988年	美国	产生第一个实验室创造的中微子束,并发现中微子,从而证明了轻子的对偶结构。

拉姆齐	1989年	美国	发明分离振荡场方法及其在原子钟中的应用。
德默尔特	1989年	美国	发展原子精确光谱学和开发离子陷阱技术。
保尔	1989年	德国	发展原子精确光谱学和开发离子陷阱技术。
弗里德曼	1990年	美国	通过实验首次证明夸克的存在。
肯德尔	1990年	美国	通过实验首次证明夸克的存在。
理查·爱德华·泰勒	1990年	加拿大	通过实验首次证明夸克的存在。
热纳	1991年	法国	把研究简单系统中有序现象的方法推广到比较复杂的物质形式，特别是推广到液晶和聚合物的研究中。
夏帕克	1992年	法国	发明并发展用于高能物理学的多丝正比室。
赫尔斯	1993年	美国	发现脉冲双星，由此间接证实了爱因斯坦所预言的引力波的存在。

J.H.泰勒	1993年	美国	发现脉冲双星，由此间接证实了爱因斯坦所预言的引力波的存在。
布罗克豪斯	1994年	加拿大	在凝聚态物质研究中发展了中子衍射技术。
沙尔	1994年	美国	在凝聚态物质研究中发展了中子衍射技术。
佩尔	1995年	美国	发现τ轻子。
莱因斯	1995年	美国	发现中微子。
D.M.李	1996年	美国	发现了可以在低温度状态下无摩擦流动的氦同位素。
奥谢罗夫	1996年	美国	发现了可以在低温度状态下无摩擦流动的氦同位素。
R.C.理查森	1996年	美国	发现了可以在低温度状态下无摩擦流动的氦同位素。
朱棣文	1997年	美国	发明用激光冷却和捕获原子的方法。

W.D.菲利普斯	1997年	美国	发明用激光冷却和捕获原子的方法。
科昂·塔努吉	1997年	法国	发明用激光冷却和捕获原子的方法。
劳克林	1998年	美国	发现并研究电子的分数量子霍尔效应。
斯特默	1998年	美国	发现并研究电子的分数量子霍尔效应。
崔琦	1998年	美国	发现并研究电子的分数量子霍尔效应。
H.霍夫特	1999年	荷兰	阐明弱电相互作用的量子结构。
韦尔特曼	1999年	荷兰	阐明弱电相互作用的量子结构。
阿尔费罗夫	2000年	俄罗斯	提出异层结构理论，并开发了异层结构的快速晶体管、激光二极管。
克罗默	2000年	德国	提出异层结构理论，并开发了异层结构的快速晶体管、激光二极管。

杰克·基尔比	2000年	美国	发明集成电路。
克特勒	2001年	德国	在"碱金属原子稀薄气体的玻色－爱因斯坦凝聚态"以及"凝聚态物质性质早期基本性质研究"方面取得成就。
康奈尔	2001年	美国	在"碱金属原子稀薄气体的玻色－爱因斯坦凝聚态"以及"凝聚态物质性质早期基本性质研究"方面取得成就。
维曼	2001年	美国	在"碱金属原子稀薄气体的玻色－爱因斯坦凝聚态"以及"凝聚态物质性质早期基本性质研究"方面取得成就。
雷蒙德·戴维斯	2002年	美国	表彰他们在天体物理学领域做出的先驱性贡献，其中包括在"探测宇宙中微子"和"发现宇宙X射线源"方面的成就。
里卡尔多·贾科尼	2002年	美国	表彰他们在天体物理学领域做出的先驱性贡献，其中包括在"探测宇宙中微子"和"发现宇宙X射线源"方面的成就。

小柴昌俊	2002年	日本	表彰他们在天体物理学领域做出的先驱性贡献，其中包括在"探测宇宙中微子"和"发现宇宙X射线源"方面的成就。
阿列克谢·阿布里科索夫	2003年	美国	表彰三人在超导体和超流体领域中做出的开创性贡献。
安东尼·莱格特	2003年	美国	表彰三人在超导体和超流体领域中做出的开创性贡献。
维塔利·金茨堡	2003年	俄罗斯	表彰三人在超导体和超流体领域中做出的开创性贡献。
戴维·格罗斯	2004年	美国	为表彰他们"对量子场中夸克渐进自由的发现"。
戴维·普利策	2004年	美国	为表彰他们"对量子场中夸克渐进自由的发现"。
弗兰克·维尔泽克	2004年	美国	为表彰他们"对量子场中夸克渐进自由的发现"。
罗伊·格劳伯	2005年	美国	表彰他对光学相干的量子理论的贡献。
约翰·霍尔	2005年	美国	表彰他们对基于激光的精密光谱学发展做出的贡献。

特奥多尔·亨施	2005年	德国	表彰他们对基于激光的精密光谱学发展做出的贡献。
约翰·马瑟	2006年	美国	表彰他们发现了黑体形态和宇宙微波背景辐射的扰动现象。
乔治·斯穆特	2006年	美国	表彰他们发现了黑体形态和宇宙微波背景辐射的扰动现象。
艾尔伯·费尔	2007年	法国	表彰他们发现巨磁电阻效应的贡献。
皮特·克鲁伯格	2007年	德国	表彰他们发现巨磁电阻效应的贡献。
南部阳一郎	2008年	美国	发现了亚原子物理学中自发对称性破缺机制。
小林诚	2008年	日本	发现有关对称性破缺的起源。
益川敏英	2008年	日本	发现有关对称性破缺的起源。
高锟	2009年	英国	在"有关光在纤维中的传输以用于光学通信方面"取得了突破性成就。
威拉德·博伊尔	2009年	美国	发明了半导体成像器件——电荷耦合器件（CCD）图像传感器。

乔治·史密斯	2009年	美国	发明了半导体成像器件——电荷耦合器件（CCD）图像传感器。
安德烈·盖姆与	2010年	英国	因在二维空间材料石墨烯的突破性实验。
康斯坦丁·诺沃肖洛夫	2010年	英国	因在二维空间材料石墨烯的突破性实验。

历届诺贝尔化学奖获奖情况

获奖者	获奖年份	国籍	获奖原因
范霍夫	1901年	荷兰	研究化学动力学和溶液渗透压的有关定律。
E.费歇尔	1902年	德国	研究糖和嘌呤衍生物的合成。
阿累尼乌斯	1903年	瑞典	提出电离学说。
拉姆·塞	1904年	英国	发现了惰性气体。
拜耳	1905年	德国	研究有机染料和芳香族化合物。
莫瓦桑	1906年	法国	制备单质氟。
布赫纳	1907年	德国	发现无细胞发酵现象。

E.卢瑟福	1908年	英国	研究元素蜕变和放射性物质化学。
F.W.奥斯瓦尔德	1909年	德国	研究催化、化学平衡、反应速率。
瓦拉赫	1910年	德国	研究脂环族化合物。
玛丽·居里	1911年	法国	发现镭和钋,并分离镭。
梅林尼亚	1912年	法国	发现用镁做有机反应的试剂。
萨巴蒂埃	1912年	法国	研究有机脱氧催化反应。
维尔纳	1913年	瑞士	研究分子中原子的配位,提出配位理论。
T.W.理查兹	1914年	美国	精确测量大量元素的原子量。
威尔斯泰特	1915年	德国	研究植物色素,特别是叶绿素。
	1916年		(未颁奖)
	1917年		(未颁奖)

哈伯	1918年	德国	发明工业合成氨方法。
	1919年		（未颁奖）
能斯特	1920年	德国	研究热化学，提出热力学第三定律。
索迪	1921年	英国	研究同位素的存在和性质。
阿斯顿	1922年	英国	研究质谱法，发现整数规划。
普雷格尔	1923年	奥地利	研究有机化合物的微量分析法。
	1924年		（未颁奖）
齐格蒙迪	1925年	奥地利	阐明胶体溶液的多相性质。
斯维德伯格	1926年	瑞典	发明超离心机，用于分散体系的研究。
维兰德	1927年	德国	研究胆酸的组成。
文道斯	1928年	德国	研究胆固醇的组成及其与维生素的关系。

哈登	1929年	英国	研究糖的发酵作用及其与酶的关系。
奥伊勒	1929年	瑞典	研究辅酶。
H.费歇尔	1930年	德国	研究血红素和叶绿素,合成血红素。
波施	1931年	德国	研究化学上应用的高压方法。
贝吉乌斯	1931年	德国	研究化学上应用的高压方法。
兰米尔	1932年	美国	研究表面化学和吸附理论。
	1933年		(未颁奖)
尤里	1934年	美国	发现重氢。
F.约里奥·居里	1935年	法国	合成人工放射性元素。
I.伊伦·居里	1935年	法国	合成人工放射性元素。

德拜	1936年	荷兰	研究偶极矩和X射线衍射法。
哈沃斯	1937年	英国	研究碳水化合物和维生素C。
卡雷	1937年	瑞士	研究类胡萝卜素、核黄素、维生素B_2。
R.库恩	1938年	德国	研究类胡萝卜素和维生素。
布泰南特	1939年	德国	研究性激素。
卢齐卡	1939年	瑞士	研究聚亚甲基和高级萜烯。
	1940年		（未颁奖）
	1941年		（未颁奖）
	1942年		（未颁奖）
海维西	1943年	匈牙利	利用同位素作为化学研究中的示踪原子。
哈恩	1944年	德国	发现重核裂变现象。

维尔塔宁	1945年	芬兰	发明饲料保藏方法。
萨姆纳	1946年	美国	发现结晶蛋白酶。
诺思罗普	1946年	美国	制备绩效状态的酶和病毒蛋白质。
斯坦利	1946年	美国	制备绩效状态的酶和病毒蛋白质。
鲁宾逊	1947年	英国	研究生物碱和其他植物制品。
梯塞留斯	1948年	瑞典	研究电泳、吸附分析和血清蛋白。
乔克	1949年	美国	研究超低温下物质的性质。
第尔斯	1950年	德国	发现双烯合成。
阿尔德	1950年	德国	发现双烯合成。
麦克米伦	1951年	美国	发现和研究超铀元素镅、锔、锫、锎等。
西博格	1951年	美国	发现和研究超铀元素镅、锔、锫、锎等。

A.马丁	1952年	英国	发明分配色谱法。
辛格	1952年	英国	发明分配色谱法。
施陶丁格	1953年	德国	提出大分子概念。
鲍林	1954年	美国	研究化学键的本质。
杜·维尼奥	1955年	美国	合成多肽和激素。
谢苗诺夫	1956年	苏联	研究气相反应化学动力学。
欣谢尔伍德	1956年	美国	研究气相反应化学动力学。
托德	1957年	英国	研究核苷酸和核苷酸辅酶。
桑格	1958年	英国	测定胰岛素分子结构。
海洛夫斯基	1959年	捷克斯洛伐克	发明极谱分析法。
利比	1960年	美国	发明用放射性碳-14测定地质年代的方法。
开尔文	1961年	美国	研究光合作用的化学过程。

肯德鲁	1962年	英国	测定血红蛋白的结构。
佩鲁兹	1962年	英国	测定血红蛋白的结构。
纳塔	1963年	意大利	研究乙烯和丙烯的催化聚合反应。
齐格勒	1963年	德国	研究乙烯和丙烯的催化聚合反应。
D.C.霍奇金	1964年	英国	测定抗恶性贫血症的生化化合物维生素B_{12}的结构。
伍德沃德	1965年	美国	人工合成固醇、叶绿素、维生素B_{12}和其他只存在于生物体中的物质。
米利肯	1966年	美国	用分子轨道法研究化学键和分子结构。
艾根	1967年	德国	研究极其快速的化学反应。
诺里什	1967年	英国	研究极其快速的化学反应。

波特	1967年	英国	研究极其快速的化学反应。
翁萨格	1968年	美国	创立不逆过程的热力学理论。
巴顿	1969年	英国	研究有机化合物的三维构象。
哈塞尔	1969年	挪威	研究有机化合物的三维构象。
莱洛伊尔	1970年	阿根廷	发现糖核苷酸及其在碳水化合物合成中的作用。
赫茨伯格	1971年	加拿大	研究分子光谱,特别是自由基的电子结构。
安芬林	1972年	美国	研究酶化学的基本理论。
摩雷	1972年	美国	研究酶化学的基本理论。
斯坦	1972年	美国	研究酶化学的基本理论。

E.O.费歇尔	1973年	德国	研究金属有机化合物。
威尔金森	1973年	英国	研究金属有机化合物。
P.J.弗洛里	1974年	美国	研究长链分子,制成尼龙66。
康福思	1975年	英国	研究立体化学。
普雷洛格	1975年	瑞士	研究立体化学。
利普斯科姆	1976年	美国	研究硼烷、碳硼烷的结构。
普里戈金	1977年	比利时	研究热力学中的耗散结构理论。
P.D.米切尔	1978年	英国	研究生物系统中利用能量转移过程。
H.C.布朗	1979年	美国	在有机合成中利用硼和磷的化合物。
维蒂希	1979年	德国	在有机合成中利用硼和磷的化合物。
W.吉尔伯特	1980年	美国	第一次制备出混合脱氧核糖核酸。

P.伯特	1980年	美国	建立脱氧核糖核酸结构的化学和生物分析法。
桑格	1980年	英国	建立脱氧核糖核酸结构的化学和生物分析法。
福井谦一	1981年	日本	解释化学反应中的分子轨道对称性。
R.霍夫曼	1981年	美国	提出分子轨道对称守恒原理。
克卢格	1982年	英国	测定生物物质的结构。
陶布	1983年	美国	研究络合物和固氮反应机理。
梅里菲尔德	1984年	美国	研究多肽合成。
豪普特曼	1985年	美国	发展测定分子和晶体结构的方法。
卡尔勒	1985年	美国	发展测定分子和晶体结构的方法。
赫希巴赫	1986年	美国	研究交叉分子束方法。
李远哲	1986年	美国	研究交叉分子束方法。

波拉尼	1986年	德国	研究交叉分子束方法。
佩德森	1987年	美国	合成了具有特殊性能的低分子量的有机化合物，在分子的研究和应用方面做出贡献。
莱恩	1987年	法国	合成了具有特殊性能的低分子量的有机化合物，在分子的研究和应用方面做出贡献。
克拉姆	1987年	美国	合成了具有特殊性能的低分子量的有机化合物，在分子的研究和应用方面做出贡献。
罗伯特·休伯	1988年	德国	首次确定了光合作用反应中心的立体结构，揭示了模结合的蛋白质配合物的结构特征。
约翰·戴森霍弗	1988年	德国	首次确定了光合作用反应中心的立体结构，揭示了模结合的蛋白质配合物的结构特征。

哈特穆特·米歇尔	1988年	德国	首次确定了光合作用反应中心的立体结构,揭示了膜结合的蛋白质配合物的结构特征。
奥尔特曼	1989年	美国	发现RNA的生物催化作用。
切赫	1989年	美国	发现RNA的生物催化作用。
科里	1990年	美国	创建了独特的有机合成理论——逆合成分析理论,使有机合成方案系统化并符合逻辑,并根据这一理论编制了第一个计算机辅助有机合成路线的设计程序。
恩斯特	1991年	瑞士	发明了傅立叶变换核磁共振分光法和二维核磁共振技术。
马库斯	1992年	美国	用简单的数学方式表达了电子在分子间转移时分子体系的能量是如何受其影响的,奠定了电子转移过程理论的基础。

M.史密斯	1993年	加拿大	发明了重新编组DNA的"寡聚核苷酸定点突变"法，即定向基因的"定向诱变"。
穆利斯	1993年	美国	发明了高效复制DNA片段的"聚合酶链式反应（PCR）"方法。
欧拉	1994年	美国	发现了使碳阳离子保持稳定的方法。
罗兰	1995年	美国	他们率先研究并解释了大气中臭氧形成、分解的过程及机制，指出：臭氧层对某些化合物极为敏感，空调器和冰箱使用的氟利昂、喷气式飞机和汽车尾气中所含的氮氧化物，都会导致臭氧层空洞扩大。
莫利纳	1995年	美国	他们率先研究并解释了大气中臭氧形成、分解的过程及机制，指出：臭氧层对某些化合物极为敏感，空调器和冰箱使用的氟利昂、喷气式飞机和汽车尾气中所含的氮氧化物，都会导致臭氧层空洞扩大。

克鲁岑	1995年	荷兰	他们率先研究并解释了大气中臭氧形成、分解的过程及机制，指出：臭氧层对某些化合物极为敏感，空调器和冰箱使用的氟利昂、喷气式飞机和汽车尾气中所含的氮氧化物，都会导致臭氧层空洞扩大。
克鲁托	1996年	英国	发现碳元素的第三种存在形式——C60（又称"富勒烯"、"巴基球"）。
斯莫利	1996年	美国	发现碳元素的第三种存在形式——C60（又称"富勒烯"、"巴基球"）。
柯尔	1996年	美国	发现碳元素的第三种存在形式——C60（又称"富勒烯"、"巴基球"）。
因斯·斯寇	1997年	丹麦	表彰他们在生命的能量货币——腺三磷的研究上的突破。

保罗·波耶尔	1997年	美国	表彰他们在生命的能量货币——腺三磷的研究上的突破。
约翰·沃克	1997年	英国	表彰他们在生命的能量货币——腺三磷的研究上的突破。
约翰·包普尔	1998年	美国	提出波函数方法。
瓦尔特·科恩	1998年	美国	提出密度函数理论。
艾哈迈德·泽维尔	1999年	美国、埃及双重国籍	他应用超短激光闪光成照技术观看到分子中的原子在化学反应中如何运动，从而有助于人们理解和预期重要的化学反应，为整个化学及其相关科学带来了一场革命。

艾伦·J.黑格	2000年	美国	他是半导体聚合物和金属聚合物研究领域的先锋，目前主攻能够用作发光材料的半导体聚合物，包括光致发光、发光二极管、发光电气化学电池以及激光等等——这些产品一旦研制成功，将可以广泛应用在高亮度彩色液晶显示器等许多领域。
艾伦·G.马克迪尔米德	2000年	美国	他从1973年就开始研究能够使聚合材料能够像金属一样导电的技术，并最终研究出了有机聚合导体技术——这种技术的发明对于使物理学研究和化学研究具有重大意义，其应用前景非常广泛。
白川英树	2000年	日本	他在发现并开发导电聚合物方面做出了引人注目的贡献——这种聚合物目前已被广泛应用到工业生产上去。

威廉·诺尔斯	2001年	美国	表彰他们在不对称合成方面所取得的成绩。
野依良治	2001年	日本	表彰他们在不对称合成方面所取得的成绩。
巴里·夏普雷斯	2001年	美国	表彰他们在不对称合成方面所取得的成绩。
约翰·芬恩	2002年	美国	发明了对生物大分子进行确认和结构分析的方法；发明了对生物大分子的质谱分析法。
田中耕一	2002年	日本	发明了对生物大分子进行确认和结构分析的方法；发明了对生物大分子的质谱分析法。
库尔特·维特里希	2002年	瑞士	发明了利用核磁共振技术测定溶液中生物大分子三维结构的方法。
彼得·阿格雷	2003年	美国	表彰他们发现细胞膜水通道以及对离子通道结构和机理研究做出的开创性贡献。

罗德里克·麦金农	2003年	美国	表彰他们发现细胞膜水通道以及对离子通道结构和机理研究做出的开创性贡献。
阿龙·切哈诺沃	2004年	以色列	表彰他们发现了泛素调节的蛋白质降解。
阿夫拉姆·赫什科	2004年	以色列	表彰他们发现了泛素调节的蛋白质降解。
欧文·罗斯	2004年	美国	表彰他们发现了泛素调节的蛋白质降解。
伊夫·肖万	2005年	法国	他们在有机化学的烯烃复分解反应研究方面做出了贡献。
罗伯特·格拉布	2005年	美国	他们在有机化学的烯烃复分解反应研究方面做出了贡献。
理查德·施罗克	2005年	美国	他们在有机化学的烯烃复分解反应研究方面做出了贡献。
罗杰·科恩伯格	2006年	美国	揭示了真核生物体内的细胞如何利用基因内存储的信息生产蛋白质。

格哈德·埃特尔	2007年	德国	表彰他在"固体表面化学过程"研究中做出的贡献。
钱永健	2008年	美国	他们发现和改造了绿色荧光蛋白。
马丁·沙尔菲	2008年	美国	他们发现和改造了绿色荧光蛋白。
下村修	2008年	日本	他们发现和改造了绿色荧光蛋白。
文卡特拉曼·拉马克里希南	2009年	英国	他们因"对核糖体结构和功能的研究"而获奖。
托马斯·施泰茨	2009年	美国	他们因"对核糖体结构和功能的研究"而获奖。
阿达·约纳特	2009年	以色列	他们因"对核糖体结构和功能的研究"而获奖。
理查德·赫克	2010年	美国	开发更有效的连接碳原子以构建复杂分子的方法。

| 根岸英一 | 2010年 | 日本 | 开发更有效的连接碳原子以构建复杂分子的方法。 |
| 铃木章 | 2010年 | 日本 | 开发更有效的连接碳原子以构建复杂分子的方法。 |

历届诺贝尔生理学及医学奖获奖情况

获奖者	获奖年份	国籍	获奖原因
贝林	1901年	德国	因血清疗法防治白喉、破伤风获奖。
罗斯	1902年	美国	因发现疟原虫通过疟蚊传入人体的途径而获奖。
芬森	1903年	丹麦	因光辐射疗法治疗皮肤病获奖。
巴浦洛夫	1904年	俄国	因消化生理学研究的巨大贡献获奖。
科赫	1905年	德国	因对细菌学的发展获奖。
戈尔吉	1906年	意大利	因对神经系统结构的研究而获奖。
拉蒙·卡哈尔	1906年	西班牙	因对神经系统结构的研究而获奖。
拉弗朗	1907年	法国	因发现疟原虫在致病中的作用而获奖。

埃尔利希	1908年	德国	因发明"606"而获奖。
梅奇尼科夫	1908年	俄国	因对免疫性的研究而获奖。
柯赫尔	1909年	瑞士	因对甲状腺生理、病理及外科手术的研究获奖。
科塞尔	1910年	俄国	因研究细胞化学蛋白质及核质而获奖。
古尔斯特兰	1911年	瑞典	因研究眼的屈光学获奖。
卡雷尔	1912年	法国	因血管缝合和器官移植获奖。
里歇特	1913年	法国	因对过敏性的研究而获奖。
巴拉尼	1914年	奥地利	因前庭器官方面的研究而获奖。
	1915年		（未颁奖）
	1916年		（未颁奖）
	1917年		（未颁奖）
	1918年		（未颁奖）
博尔德	1919年	比利时	因做出了有关免疫方面的一系列发现而获奖。

克罗格	1920年	丹麦	因发现毛细血管的调节机理而获奖。
	1921年		（未颁奖）
希尔	1922年	英国	因发现肌肉生热而获奖。
迈尔霍夫	1922年	德国	因研究肌肉中氧的消耗和乳酸代谢而获奖。
班廷	1923年	加拿大	因发现胰岛素而获奖。
麦克劳德	1923年	英国	因发现胰岛素而获奖。
埃因托芬	1924年	荷兰	因发现心电图机制而获奖。
	1925年		（未颁奖）
菲比格	1926年	丹麦	因对癌症的研究而获奖。
尧雷格	1927年	奥地利	因研究精神病学、治疗麻痹性痴呆而获奖。
尼科尔	1928年	法国	因对斑疹伤寒的研究而获奖。
艾克曼	1929年	荷兰	因发现防治脚气病的维生素B_1而获奖。
霍普金斯	1929年	英国	因发现促进生命生长的维生素而获奖。

兰斯坦纳	1930年	美国	因研究人体血型分类并发现四种主要血型而获奖。
瓦尔堡	1931年	德国	因发现呼吸酶的性质的作用获奖。
艾德里安	1932年	英国	因发现神经元的功能而获奖。
谢灵顿	1932年	英国	因发现中枢神经反射活动的规律而获奖。
摩尔根	1933年	美国	因创立染色体遗传理论而获奖。
迈诺特	1934年	美国	因发现治疗贫血的肝制剂而获奖。
墨菲	1934年	美国	因发现治疗贫血的肝制剂而获奖。
惠普尔	1934年	美国	因发现治疗贫血的肝制剂而获奖。
斯佩曼	1935年	德国	因发现胚胎的组织效应而获奖。
戴尔	1936年	英国	因发现神经脉冲的化学传递而获奖。

勒维	1936年	德国	因发现神经脉冲的化学传递而获奖。
霍沃恩	1937年	英国	因研究碳水化合物和维生素而获奖。
卡勒	1937年	瑞士	因研究胡萝卜素、黄素和维生素而获奖。
森特哲尔吉	1937年	匈牙利	因发现维生素C而获奖。
海曼斯	1938年	比利时	因发现呼吸调节中颈动脉窦和主颈动脉窦的作用而获奖。
多马克	1939年	德国	因发现磺胺的抗菌作用获奖。
	1940年		（未颁奖）
	1941年		（未颁奖）
	1942年		（未颁奖）
达姆	1943年	丹麦	因发现维生素K而获奖。
多伊西	1943年	美国	因研究维生素K的化学性质而获奖。

厄兰格	1944年	美国	因发现单一神经纤维的高度机能分化而获奖。
加塞	1944年	美国	因发现单一神经纤维的高度机能分化而获奖。
弗莱明	1945年	英国	因发现青霉素及其临床效用而获奖。
弗洛里	1945年	英国	因发现青霉素及其临床效用而获奖。
钱恩	1945年	英国	因发现青霉素及其临床效用而获奖。
马勒	1946年	美国	因发现X射线辐照引起变异而获奖。
科里夫妇（二人）	1947年	美国	因发现糖代谢过程中垂体激素对糖原的催化作用而获奖。
何塞	1947年	阿根廷	因研究脑下垂体激素对动物新陈代谢作用而获得获奖。
米勒	1948年	瑞士	因合成高效有机杀虫剂DDT而获奖。
赫斯	1949年	瑞士	因发现中脑有调节内脏活动的功能而获奖。

莫尼兹	1949年	葡萄牙	因发现脑白质切除治疗精神病的功效而获奖。
亨奇	1950年	美国	因发现可的松治疗风湿性关节炎而获奖。
肯德尔	1950年	美国	因研究肾上腺皮质激素及其结构和生物效应而获奖。
莱希斯坦	1950年	瑞士	因研究肾上腺皮质激素及其结构和生物效应而获奖。
蒂勒	1951年	南非	因研究黄热病及其防治方法而获奖。
瓦克斯曼	1952年	美国	因发现链霉素而获奖。
李普曼	1953年	美国	因发现辅酶A及其中间代谢作用而获奖。
克雷布斯	1953年	英国	因阐明合成尿素的鸟氨酸循环和三羧循环而获奖。
恩德斯	1954年	美国	因培养小儿麻痹病毒成功而获奖。
韦勒	1954年	美国	因培养小儿麻痹病毒成功而获奖。

罗宾斯	1954年	美国	因培养小儿麻痹病毒成功而获奖。
西奥雷尔	1955年	瑞典	因发现氧化酶的性质和作用而获奖。
福斯曼	1956年	德国	因发明心导管插入术和循环的变化而获奖。
理查兹	1956年	美国	因发明心导管插入术和循环的变化而获奖。
库南德	1956年	美国	因发明心导管插入术和循环的变化而获奖。
博韦	1957年	意大利	因发明抗过敏反应特效药而获奖。
比德尔	1958年	美国	因对化学过程的遗传调节的研究而获奖。
塔特姆	1958年	美国	因对化学过程的遗传调节的研究而获奖。
莱德伯格	1958年	美国	因有关细菌的基因重组和遗传物质结构方面的发现而获奖。
奥乔亚	1959年	美国	因人工合成核酸并发现其生理作用而获奖。

科恩伯格	1959年	美国	因人工合成核酸并发现其生理作用而获奖。
伯内特	1960年	澳大利亚	因发现并证实动物抗体的获得性免疫耐受性而获奖。
梅达沃	1960年	英国	因发现并证实动物抗体的获得性免疫耐受性而获奖。
贝凯西	1961年	美国	因研究耳蜗感音的物理机制而获奖。
克里克	1962年	英国	因发现脱氧核糖核酸的分子结构而获奖。
威尔金斯	1962年	英国	因发现脱氧核糖核酸的分子结构而获奖。
沃森	1962年	美国	因发现脱氧核糖核酸的分子结构而获奖。
埃克尔斯	1963年	澳大利亚	因研究神经脉冲、神经纤维传递而获奖。
霍奇金	1963年	英国	因研究神经脉冲、神经纤维传递而获奖。
赫克斯利	1963年	英国	因研究神经脉冲、神经纤维传递而获奖。

布洛赫	1964年	美国	因从事有关胆固醇和脂肪酸生物合成方面的研究而获奖。
吕南	1964年	德国	因从事有关胆固醇和脂肪酸生物合成方面的研究而获奖。
雅各布	1965年	法国	因发现体细胞的规律性活动而获奖。
利沃夫	1965年	法国	因发现体细胞的规律性活动而获奖。
莫洛	1965年	法国	因发现体细胞的规律性活动而获奖。
哈金斯	1966年	美国	因研究治癌原因及其治疗而获奖。
劳斯	1966年	美国	因研究治癌原因及其治疗而获奖。
哈特兰	1967年	美国	因关于眼睛视觉过程中的生理和化学机制研究而获奖。
沃尔德	1967年	美国	因关于眼睛视觉过程中的生理和化学机制研究而获奖。
格拉尼特	1967年	瑞典	因关于眼睛视觉过程中的生理和化学机制研究而获奖。

霍利	1968年	美国	因解释遗传密码而获奖。
科拉纳	1968年	美国	因解释遗传密码而获奖。
尼伦伯格	1968年	美国	因解释遗传密码而获奖。
德尔布吕克	1969年	美国	因研究并发现病毒和病毒病而获奖。
赫尔希	1969年	美国	因研究并发现病毒和病毒病而获奖。
卢里亚	1969年	美国	因研究并发现病毒和病毒病而获奖。
阿克塞尔罗德	1970年	美国	因发现神经传递的化学基础而获奖。
卡茨	1970年	英国	因发现神经传递的化学基础而获奖。
奥伊勒	1970年	瑞典	因发现神经传递的化学基础而获奖。
萨瑟兰	1971年	英国	因在分子水平上阐明激素的作用机理而获奖。
埃德尔曼	1972年	美国	因对抗体化学结构的研究而获奖。
波特	1972年	英国	因对抗体化学结构的研究而获奖。

弗里施	1973年	奥地利	因发现动物习性分类而获奖。
洛伦茨	1973年	奥地利	因发现动物习性分类而获奖。
廷伯根	1973年	英国	因发现动物习性分类而获奖。
克劳德	1974年	美国	因研究细胞的结构和功能而获奖。
德·迪夫	1974年	比利时	因发现溶酶体而获奖。
帕拉德	1974年	美国	因发现核糖核蛋白质而获奖。
杜尔贝科	1975年	美国	因研究肿瘤病毒与遗传物质相互关系而获奖。
特明	1975年	美国	因研究肿瘤病毒与遗传物质相互关系而获奖。
巴尔的摩	1975年	美国	因研究肿瘤病毒与遗传物质相互关系而获奖。
布卢姆伯格	1976年	美国	因研究传染病的起因和传染而获奖。
盖达塞克	1976年	美国	因研究传染病的起因和传染而获奖。
耶洛	1977年	美国	因建立放射免疫分析法而获奖。

吉耶曼	1977年	美国	因合成下丘脑释放因素而获奖。
沙利	1977年	美国	因合成下丘脑释放因素而获奖。
阿尔伯	1978年	瑞士	因发现并应用脱氧核糖核酸的限制酶而获奖。
史密斯	1978年	美国	因发现并应用脱氧核糖核酸的限制酶而获奖。
内森斯	1978年	美国	因发现并应用脱氧核糖核酸的限制酶而获奖。
科马克	1979年	美国	因发明CT扫描而获奖。
豪斯费尔德	1979年	英国	因发明CT扫描而获奖。
贝纳塞拉夫	1980年	美国	因从事细胞表面调节免疫反应的遗传结构的研究而获奖。
斯内尔	1980年	美国	因从事细胞表面调节免疫反应的遗传结构的研究而获奖。

多塞	1980年	法国	因从事细胞表面调节免疫反应的遗传结构的研究而获奖。
斯佩里	1981年	美国	因研究大脑半球的功能而获奖。
维厄瑟尔	1981年	瑞典	因研究大脑视神经皮层的功能结构而获奖。
休伯尔	1981年	美国	因研究大脑视神经皮层的功能结构而获奖。
伯格斯特龙	1982年	瑞典	因对前列腺的化学与生物学研究而获奖。
萨米尔松	1982年	瑞典	因对前列腺的化学与生物学研究而获奖。
范恩	1982年	英国	因对前列腺的化学与生物学研究而获奖。
麦克林托克	1983年	美国	因发现玉米中移动的基因而获奖。
杰尼	1984年	丹麦	因发现生产单克隆抗体的原理而获奖。

科勒	1984年	德国	因发现生产单克隆抗体的原理而获奖。
米尔斯坦	1984年	阿根廷	因发现生产单克隆抗体的原理而获奖。
布朗	1985年	美国	因在胆固醇新陈代谢方面的贡献而获奖。
戈尔茨坦	1985年	美国	因在胆固醇新陈代谢方面的贡献而获奖。
蒙塔尔奇尼	1986年	意大利	因发现神经生长因子以及上皮细胞生长因子而获奖。
科恩	1986年	美国	因发现神经生长因子以及上皮细胞生长因子而获奖。
利根川进	1987年	日本	因阐明人体怎样产生抗体抵御疾病而获奖。
布莱克	1988年	英国	因制成治疗冠心病的 β-受体阻滞剂——心得安而获奖。

埃利肖	1988年	美国	因研制出不损害人的正常细胞的抗癌药物而获奖。
希琴斯	1988年	美国	因研制出不损害人的正常细胞的抗癌药物而获奖。
毕晓普	1989年	美国	因发现致癌基因是遗传物质而不是病毒而获奖。
瓦穆斯	1989年	美国	因发现致癌基因是遗传物质而不是病毒而获奖。
默里	1990年	美国	因从事对人类器官移植、细胞移植技术和研究而获奖。
托马斯	1990年	美国	因从事对人类器官移植、细胞移植技术和研究而获奖。
内尔	1991年	德国	因发现细胞中单离子道功能，发展出一种能记录极微弱电流通过单离子道的技术而获奖。
扎克曼	1991年	德国	因发现细胞中单离子道功能，发展出一种能记录极微弱电流通过单离子道的技术而获奖。

费希尔	1992年	美国	因在逆转蛋白磷酸化作为生物调节机制的发现中做出巨大贡献而获奖。
克雷布斯	1992年	美国	因在逆转蛋白磷酸化作为生物调节机制的发现中做出巨大贡献而获奖。
罗伯茨	1993年	英国	因发现断裂基因而获奖。
夏普	1993年	美国	因发现断裂基因而获奖。
吉尔曼	1994年	美国	因发现G蛋白及其在细胞中转导信息的作用而获奖。
罗德贝尔	1994年	美国	因发现G蛋白及其在细胞中转导信息的作用而获奖。
刘易斯	1995年	美国	因发现了控制早期胚胎发育的重要遗传机理，并利用果蝇作为实验系统，发现了同样适用于高等有机体（包括人）的遗传机理而获奖。

维绍斯	1995年	美国	因发现了控制早期胚胎发育的重要遗传机理，并利用果蝇作为实验系统，发现了同样适用于高等有机体（包括人）的遗传机理而获奖。
福尔哈德	1995年	德国	因发现了控制早期胚胎发育的重要遗传机理，并利用果蝇作为实验系统，发现了同样适用于高等有机体（包括人）的遗传机理而获奖。
多尔蒂	1996年	澳大利亚	因发现细胞的中介免疫保护特征而获奖。
青克纳格尔	1996年	瑞士	因发现细胞的中介免疫保护特征而获奖。
普鲁西纳	1997年	美国	因发现了一种全新的蛋白致病因子——朊蛋白并在其致病机理的研究方面做出了杰出贡献而获奖。
罗伯·佛契哥特	1998年	美国	因发现氧化氮在人体循环系统中扮演传递信号的角色而获奖。

费瑞·慕拉德	1998年	美国	因发现氧化氮在人体循环系统中扮演传递信号的角色而获奖。
路伊格纳洛	1998年	美国	因发现氧化氮在人体循环系统中扮演传递信号的角色而获奖。
甘特·布洛贝尔	1999年	美国	因发现蛋白质内控制蛋白质在细胞内传输和定位的信号而获奖。
阿尔维德·卡尔松	2000年	瑞典	因在人类脑神经细胞间信号的相互传递方面获得的重要发现而获奖。
保罗·格林加德	2000年	美国	因在人类脑神经细胞间信号的相互传递方面获得的重要发现而获奖。
埃里克·坎德尔	2000年	奥地利	因在人类脑神经细胞间信号的相互传递方面获得的重要发现而获奖。
利兰·哈特韦尔	2001年	美国	因发现了细胞周期的关键分子调节机制而获奖。
蒂莫西·亨特	2001年	英国	因发现了细胞周期的关键分子调节机制而获奖。

保罗·纳斯	2001年	英国	因发现了细胞周期的关键分子调节机制而获奖。
悉尼·布雷内	2002年	英国	因选择线虫作为新颖的实验生物模型，找到了对细胞每一个分裂和分化过程进行跟踪的细胞图谱而获奖。
约翰·苏尔斯顿	2002年	英国	因选择线虫作为新颖的实验生物模型，找到了对细胞每一个分裂和分化过程进行跟踪的细胞图谱而获奖。
罗伯特·霍维茨	2002年	美国	因选择线虫作为新颖的实验生物模型，找到了对细胞每一个分裂和分化过程进行跟踪的细胞图谱而获奖。
保罗·劳特布尔	2003年	美国	因在核磁共振成像技术领域的突破性成就而获奖。
彼得·曼斯菲尔德	2003年	英国	因在核磁共振成像技术领域的突破性成就而获奖。
理查德·阿克塞尔	2004年	美国	因在气味受体和嗅觉系统组织方式研究中做出的贡献而获奖。

琳达·巴克	2004年	美国	因在气味受体和嗅觉系统组织方式研究中做出的贡献而获奖。
巴里·马歇尔	2005年	澳大利亚	因发现了导致胃炎和胃溃疡的细菌——幽门螺杆菌而获奖。
罗宾·沃伦	2005年	澳大利亚	因发现了导致胃炎和胃溃疡的细菌——幽门螺杆菌而获奖。
安德鲁·费里	2006年	美国	因发现RNA干扰现象而获奖。
克拉格·米洛	2006年	美国	因发现RNA干扰现象而获奖。
马里奥·卡佩基	2007年	美国	因"为基因靶向技术的发展奠定了基础"而获奖。
奥利弗·史密斯	2007年	美国	因"为基因靶向技术的发展奠定了基础"而获奖。
马丁·埃文斯	2007年	英国	因"为基因靶向技术的发展奠定了基础"而获奖。

哈拉尔德·豪森	2008年	德国	因发现引发子宫颈癌的人类乳头瘤病毒（HPV）而获奖。
弗朗索瓦丝·巴尔-西诺西	2008年	法国	因发现人类免疫缺陷病毒（HIV）而获奖。
吕克·蒙塔尼	2008年	法国	因发现人类免疫缺陷病毒（HIV）而获奖。
伊丽莎白·布赖克本	2009年	美国	因发现端粒和端粒酶保护染色体的机理而获奖。
卡罗尔·格雷德	2009年	美国	因发现端粒和端粒酶保护染色体的机理而获奖。
杰克·绍斯塔克	2009年	美国	因发现端粒和端粒酶保护染色体的机理而获奖。
罗伯特·爱德华兹	2010年	英国	因发展体外授精疗法获奖。

历届诺贝尔经济学奖获奖情况

获奖者	获奖年份	国籍	获奖原因
拉格纳·弗里希	1969年	挪威	发展了动态模型来分析经济进程。
简·丁伯根	1969年	荷兰	发展了动态模型来分析经济进程。
保罗·安·萨默尔森	1970年	美国	发展了数理和动态经济理论,将经济科学提高到新的水平。
西蒙·库兹列茨	1971年	美国	他在研究人口发展趋势及人口结构对经济增长和收入分配关系方面做出了巨大贡献。
约翰·希克斯	1972年	英国	深入研究了经济均衡理论和福利理论。

肯尼斯·约瑟夫·阿罗	1972年	美国	深入研究了经济均衡理论和福利理论。
华西里·列昂惕夫	1973年	苏联	发展了投入产出方法，该方法在许多重要的经济问题中得到运用。
弗·冯·哈耶克	1974年	澳大利亚	深入研究了货币理论和经济波动，并深入分析了经济、社会和制度现象的互相依赖。
纲纳·缪达尔	1974年	瑞典	深入研究了货币理论和经济波动，并深入分析了经济、社会和制度现象的互相依赖。
列奥尼德·康托罗维奇	1975年	苏联	对资源最优分配理论做出了巨大贡献。
佳林·库普曼斯	1975年	美国	对资源最优分配理论做出了巨大贡献。
米尔顿·弗里德曼	1976年	美国	创立了货币主义理论，提出了永久性收入假说。

戈特哈德·贝蒂·俄林	1977年	瑞典	对国际贸易理论和国际资本流动作了开创性研究。
詹姆斯·爱德华·米德	1977年	英国	对国际贸易理论和国际资本流动作了开创性研究。
赫泊特·亚·西蒙	1978年	美国	对于经济组织内的决策程序进行了研究，这一有关决策程序的基本理论被公认为关于公司企业实际决策的创见。
威廉·阿瑟·刘易斯	1979年	美国	在经济发展方面做出了开创性研究，深入研究了发展中国家在发展经济中应特别考虑的问题。
西奥多·舒尔茨	1979年	美国	在经济发展方面做出了开创性研究，深入研究了发展中国家在发展经济中应特别考虑的问题。
劳伦斯·罗·克莱因	1980年	美国	以经济学说为基础，根据现实经济中实有数据所作的经验性估计，建立起经济体制的数学模型。

詹姆斯·托宾	1981年	美国	阐述和发展了凯恩斯的系列理论及财政与货币政策的宏观模型，在金融市场及相关的支出决定、就业、产品和价格等方面的分析做出了重要贡献。
乔治·斯蒂格勒	1982年	美国	在工业结构、市场的作用和公共经济法规的作用与影响方面做出了创造性重大贡献。
罗拉尔·德布鲁	1983年	美国	概括了帕累托最优理论，创立了相关商品的经济与社会均衡的存在定理。
理查德·约翰·斯通	1984年	英国	他是国民经济统计之父，在国民账户体系的发展中做出了奠基性贡献，极大地改进了经济实践分析的基础。
弗兰科·莫迪利安尼	1985年	意大利	第一个提出储蓄的生命周期假设——这一假设在研究家庭和企业储蓄中得到了广泛应用。

詹姆斯·布坎南	1986年	美国	将政治决策的分析同经济理论结合起来，使经济分析扩大和应用到社会—政治法规的选择。
罗伯特·索洛	1987年	美国	对增长理论做出贡献，提出长期的经济增长主要依靠技术进步，而不是依靠资本和劳动力的投入。
莫里斯·阿莱斯	1988年	法国	在市场理论及资源有效利用方面做出了开创性贡献，对一般均衡理论重新做了系统阐述。
特里夫·哈维默	1989年	挪威	他建立了现代经济计量学的基础性指导原则。
默顿·米勒	1990年	美国	在金融经济学方面做出了开创性工作。
哈里·马科维茨	1990年	美国	在金融经济学方面做出了开创性工作。

威廉·夏普	1990年	美国	在金融经济学方面做出了开创性工作。
罗纳德·科斯	1991年	英国	揭示并澄清了经济制度结构和函数中交易费用和产权的重要性。
加里·贝克	1992年	美国	将微观经济理论扩展到对人类相互行为的分析，包括市场行为。
道格拉斯·诺斯	1993年	美国	建立了包括产权理论、国家理论和意识形态理论在内的"制度变迁理论"。
罗伯特·福格尔	1993年	美国	用经济史的新理论及数理工具重新诠释了过去的经济发展过程。
约翰·纳什	1994年	美国	在非合作博弈的均衡分析理论方面做出了开创性的贡献，对博弈论和经济学产生了重大影响。

约翰·海萨尼	1994年	美国	在非合作博弈的均衡分析理论方面做出了开创性的贡献，对博弈论和经济学产生了重大影响。
莱因哈德·泽尔腾	1994年	德国	在非合作博弈的均衡分析理论方面做出了开创性的贡献，对博弈论和经济学产生了重大影响。
罗伯特·卢卡斯	1995年	美国	倡导和发展了理性预期与宏观经济学研究的运用理论，深化了人们对经济政策的理解，并对经济周期理论提出了独到的见解。
詹姆斯·莫里斯	1996年	英国	在信息经济学理论领域做出了重大贡献，尤其是不对称信息条件下的经济激励理论。
威廉·维克瑞	1996年	美国	在信息经济学、激励理论、博弈论等方面都做出了重大贡献。
罗伯特·默顿	1997年	美国	对布莱克－斯科尔斯公式所依赖的假设条件做了进一步减弱，在许多方面对其做了推广。

迈伦·斯科尔斯	1997年	美国	给出了著名的布莱克－斯科尔斯期权定价公式，该法则已成为金融机构涉及金融新产品的思想方法。
阿马蒂亚·森	1998年	印度	对福利经济学几个重大问题做出了贡献，包括社会选择理论、对福利和贫穷标准的定义、对匮乏的研究等。
罗伯特·蒙德尔	1999年	加拿大	对不同汇率体制下货币与财政政策以及最适宜的货币流通区域所做的分析，使他获得了这一殊荣。
詹姆斯·赫克曼	2000年	美国	发展了广泛应用在经济学以及其他社会科学中对个人和住户的行为进行统计分析的理论和方法。
丹尼尔·麦克法登	2000年	美国	发展了广泛应用在经济学以及其他社会科学中对个人和住户的行为进行统计分析的理论和方法。

乔治·阿克尔洛夫	2001年	美国	在"对充满不对称信息市场进行分析"领域做出了重要贡献。
迈克尔·斯彭斯	2001年	美国	在"对充满不对称信息市场进行分析"领域做出了重要贡献。
约瑟夫·斯蒂格利茨	2001年	美国	在"对充满不对称信息市场进行分析"领域做出了重要贡献。
丹尼尔·卡尼曼	2002年	美国	在心理和实验经济学研究方面做出了开创性工作。
弗农·史密斯	2002年	美国	在心理和实验经济学研究方面做出了开创性工作。
罗伯特·恩格尔	2003年	美国	在经济学时间数列分析方面做出了巨大的贡献。
克莱夫·格兰杰	2003年	英国	在经济学时间数列分析方面做出了巨大的贡献。

芬恩·基德兰德	2004年	挪威	在动态宏观经济学方面做出了杰出贡献。
爱德华·普雷斯科特	2004年	美国	在动态宏观经济学方面做出了杰出贡献。
罗伯特·奥曼	2005年	以色列、美国双重国籍	因在博弈论分析方面的研究而获奖。
托马斯·谢林	2005年	美国	因在博弈论分析方面的研究而获奖。
埃德蒙·菲尔普斯	2006年	美国	表彰他对宏观经济政策中跨时贸易所作的研究。
赫维茨	2007年	美国	为机制设计理论奠定了基础。
马斯金	2007年	美国	为机制设计理论奠定了基础。
罗杰·B·迈尔森	2007年	美国	为机制设计理论奠定了基础。

保罗·克鲁格曼	2008年	美国	因在分析国际贸易模式和经济活动地域所做的贡献而获奖。
埃莉诺·奥斯特罗姆	2009年	美国	为发展中世界进行政策咨询方面做出了可贵的贡献。
奥利弗·威廉森	2009年	美国	不仅肯定了新制度经济学的学术地位,而且显示了当代经济学与其他社会科学学科交叉和融合的强大生命力。
彼得·戴蒙德仁	2010年	美国	其研究成果有助于各国政府解决顽固的就业难题。
戴尔·莫滕森	2010年	美国	其研究成果有助于各国政府解决顽固的就业难题。
克里斯托弗·皮萨里季斯	2010年	英国	其研究成果有助于各国政府解决顽固的就业难题。